Denk träume wagen 1

Herausgegeben von
Prof. Dr. Barbara Brüning

Erarbeitet von
Prof. Dr. Barbara Brüning
Frederick Brüning
Mark Dahlhoff
Martina Denda
Daniel Nachtsheim
Julia Robert
Sogol Younessi

**Didaktische und
interkulturelle Beratung**
Simone Dürbeck
Cemile Niron

Cornelsen

Impressum

Redaktion: Dr. Martin Kloke
Bildassistenz: Franziska Becker
Illustrationen und Comics: Bernd Kissel, Hans Wunderlich
Gesamtgestaltung: Ungermeyer, grafische Angelegenheiten

www.cornelsen.de

Die Links Dritter, deren Internetadressen in diesem Lehrwerk angegeben sind,
wurden vor Drucklegung sorgfältig geprüft. Der Verlag übernimmt keine
Gewähr für die Aktualität und den Inhalt dieser Seiten oder solcher, die mit
ihnen verlinkt sind.

Soweit in diesem Lehrwerk Personen fotografisch abgebildet sind und ihnen
von der Redaktion fiktive Namen, Berufe, Dialoge und Ähnliches zugeordnet
oder diese Personen in bestimmte Kontexte gesetzt werden, dienen diese
Zuordnungen und Darstellungen ausschließlich der Veranschaulichung und
dem besseren Verständnis des Inhalts.

1. Auflage, 1. Druck 2018

Alle Drucke dieser Auflage sind inhaltlich unverändert und können im
Unterricht nebeneinander verwendet werden.

© 2018 Cornelsen Verlag GmbH, Berlin

Das Werk und seine Teile sind urheberrechtlich geschützt.
Jede Nutzung in anderen als den gesetzlich zugelassenen Fällen bedarf der
vorherigen schriftlichen Einwilligung des Verlages.
Hinweise zu den §§ 46, 52a UrhG: Weder das Werk noch seine Teile dürfen
ohne eine solche Einwilligung eingescannt und in ein Netzwerk eingestellt
werden oder sonst öffentlich zugänglich gemacht werden.
Dies gilt auch für Intranets von Schulen und sonstigen Bildungs-
einrichtungen.

Druck: Mohn Media, Mohndruck, Gütersloh

ISBN 978-3-06-065669-1
ISBN 978-3-06-065670-7 (E-Book)

PEFC zertifiziert
Dieses Produkt stammt aus nachhaltig
bewirtschafteten Wäldern und kontrollierten
Quellen.

PEFC
PEFC/04-31-1033   www.pefc.de

Liebe Schülerinnen und Schüler,

Ihr habt sicherlich schon entdeckt, dass durch unser Buch ein dünner roter Faden führt. Es ist ein Denkfaden, der euch beim Philosophieren über die verschiedenen Themen begleiten soll. Wir haben diesen Faden der griechischen Götterwelt entnommen. Er wurde dem Seefahrer Theseus von Prinzessin Ariadne geschenkt und sollte ihn aus dem Labyrinth des Ungeheuers Minotauros herausführen. Seitdem gilt der Ariadnefaden als Werkzeug, schwierige (Denk-)Aufgaben zu lösen.

Auch die Eule der Minerva stammt aus Griechenland, der Wiege der europäischen Philosophie. Sie war die Beschützerin der griechischen Göttin Athene, die auch Minerva genannt wurde. Die Eule war sehr klug und wird deshalb als Zeichen für Weisheit betrachtet. Ihr findet sie vor einigen Texten und Aufgaben in unserem Buch, die einen erhöhten Schwierigkeitsgrad haben. Die Eule der Minerva soll euch helfen, eure Denkanstrengungen zu bündeln – denn Eulen sind Tiere, die in der Dunkelheit das Licht suchen.

Wir wünschen euch viel Spaß beim gemeinsamen Philosophieren sowie viele gute Ideen und Lösungen für die großen Fragen der Philosophie. Kennt ihr den Philosophen neben Theseus? Schau mal auf Seite 20!

Eure Autorinnen und Autoren

Inhalt

Kapitel 7:
Welt entdecken, Welt erklären 96

Kapitel 8:
Religionen entdecken 110

Kapitel 9:
Ist die Natur unsere Mitwelt? 136

Kapitel 10:
Zu viel oder zu wenig essen?   156

Kapitel 11:
Wie Medien unser Leben verändern   170

Anhang

Kapitel 1:
Wer bin ich?

Unser Spiegelbild zeigt uns die Welt gar nicht so, wie wir sie sehen.
Julia Robert

Blicke in den Spiegel und winke mit deiner rechten Hand. Mit welcher Hand winkt dir dein Spiegelbild zurück?

In diesem Kapitel lernst du
– dich auf die Suche nach dem
  Ich zu machen;
– Gefühle zu benennen und
  voneinander zu unterscheiden;
– über dich in der Zukunft
  nachzudenken.

Dabei nutzt du
– Alltagsexperimente, die dich
  zu deinem Ich führen;
– verschiedene Blickpunkte auf
  dein Ich;
– eine Methode, um Texte zu
  analysieren.

**Du beurteilst und
bewertest**
– den Unterschied zwischen dem
  kleinen und dem großen Ich;
– deine persönlichen Stärken
  und Schwächen;
– die Frage, ob man ein Gewissen
  braucht.

Warum sage ich „ich"?

Mein Ich schwebt und schwimmt

Ich belauere mich selbst aus der Nähe und meine Augen sind ununterbrochen auf mich selbst gerichtet. Ich selbst bin das eine Mal ein anderer als das andere Mal.

Genieße ich meine Gesundheit oder einen hellen schönen Morgen, dann bin
5 ich freundlich und aufgeschlossen; habe ich aber ein Hühnerauge, das mich an der Zehe drückt, so bin ich plötzlich verdrießlich, unfreundlich, ablehnend; der Trab des gleichen Pferdes scheint mir einmal weich und einmal hart; der gleiche Weg scheint mir jetzt kürzer, ein andermal länger: jetzt habe ich zu allem Lust, dann zu gar nichts; was mir jetzt Spaß macht, ist mir manchmal
10 zuwider. Es geht in mir dauernd hin und her; mein Denken geht nicht nur vorwärts; mein Ich schwebt und schwimmt.

Michel de Montaigne [1]

1: Der Philosoph **Michel de Montaigne** (1532–1593) lebte im Südwesten Frankreichs. Dort schlief und arbeitete er am liebsten in einem kleinen Turm. Er beschäftigte sich unter anderem mit der Frage, wie man sich selbst erkennen kann.

Wir philosophieren: Einen Text analysieren

Ein Text besteht wie ein Haus aus Bausteinen, die ich durch die Analyse des Textes sichtbar mache. Die wichtigsten Bausteine sind die These, die Begründung und die Beispiele.

1. Schritt › These des Textes finden.
Eine These ist eine Behauptung. Sie bedarf immer einer Begründung durch Argumente.
Kleiner Tipp: Die These muss nicht immer am Anfang stehen. Manchmal kann sie sich auch im allerletzten Satz verstecken.

2. Schritt › die Argumente finden.
Argumente wollen jemanden von einer bestimmten Behauptung überzeugen.

3. Schritt › die Beispiele finden.
Durch Beispiele wird ein Argument gestützt.

4. Schritt › eine eigene begründete Meinung zu der These des Textes formulieren.

Das kleine Ich wird groß

Es soll Leute geben, die sich an ihre eigene Geburt erinnern, doch bei der
Geburt ist das Ich abwesend. Eine durchtrennte Nabelschnur bedeutet
noch lange kein Selbstbewusstsein. Auch auf Wickelkommoden und in Lauf-
ställen sind Ichs selten anzutreffen. Das Ich zeigt sich irgendwann zwischen
5 Schnuller und Schultüte. Ich erinnere mich nicht daran, wie ich diesen Moment
erlebt habe.

„Ich" ist nicht gleich „ich". Ein Kind, das seinen eigenen Namen nennen kann,
besitzt sehr wohl ein „ich"; aber es ist nur ein kleines „ich". Es ist wie ein
Guckloch, durch das der kleine Junge auf die Welt sieht. Ein Guckloch, das
10 sich mit der Geburt aufgetan hat und mit dem Tod schließen wird.

Besonders leistungsstark ist das kleine „ich" nicht. Jedes Huhn, das auf dem
Hof nach Körnern pickt, ist ein solches Guckloch, selbst die Ameise, die über
den Holzstoß krabbelt, hat Augen im Kopf und ein Ziel, das sie anstrebt.

Das große „Ich" ist etwas total anderes. Es bildet sich dadurch, dass das kleine
15 „ich" spontan in der Mitte zerreißt und sich selbst gegenüber tritt. Es befindet
sich nun vor einem inneren Spiegel und erschrickt. In diesem Moment entsteht etwas völlig Neues im Menschen: eine Persönlichkeit. Das Groß-Ich hat
die Fähigkeit, sich so viele mögliche Welten vorzustellen, wie es will.

Nach **Friedhelm Moser**[1]

1: Friedhelm Moser
(1954–1999) studierte
Philosophie, Latein und
Griechisch. Er arbeitete
zunächst als Lehrer und
wurde dann Schriftsteller.

Hast
du auch ein
ICH?

1. Wo würdest du als erstes nach dem „Ich"
suchen?

2. Auf welche Schwierigkeit stößt Montaigne,
wenn er versucht, sein Ich zu erkennen?
Sprecht darüber in der Ethikgruppe.

3. Analysiere den Text von Montaigne mithilfe
der vorgestellten Methode (siehe Seite 10).

4. Zeichne den Moment, in dem das kleine „ich"
dem großen „Ich" gegenübertritt.

5. Erkläre mithilfe des Textes von Moser, was eine
Persönlichkeit ist.

🦉 Wie würdest du die Frage des Jungen am
Computer beantworten?

Ich bin einzigartig

Ich bin ich

Jeder hat besondere Fähigkeiten

Jeder Mensch hat nicht nur ein besonderes Aussehen und einen besonderen Namen, sondern auch spezielle Fähigkeiten, zum Beispiel: Jemand kann besonders gut Inlineskates fahren (siehe auch die Seiten 18/19). Das sind seine Stärken.

5 Die besonderen Fähigkeiten von Menschen lassen sich in verschiedene Gruppen unterteilen: in körperliche Fähigkeiten wie zum Beispiel „gut klettern können" und geistige Fähigkeiten wie zum Beispiel „Matheaufgaben lösen". Jeder Mensch verfügt über eine „spezielle Mischung" dieser Fähigkeiten, die gemeinsam mit dem Aussehen den Kern seiner Persönlichkeit bilden.

Körperliche Fähigkeiten (schnell laufen können)

Geistige Fähigkeiten (gut rechnen können)

Fähigkeiten des Menschen

Künstlerische Fähigkeiten (gut malen können)

Handwerkliche Fähigkeiten (einen Tisch bauen können)

Weitere Fähigkeiten?

Ein Selbstporträt malen

Frida Kahlo **1**: *Selbstbildnis, 1942*

1: Die mexikanische Malerin **Frida Kahlo** (1907–1954) musste mit 18 Jahren wegen eines Verkehrsunfalls lange im Krankenhaus liegen. Sie begann in dieser Zeit zu malen. Dafür ließ sie einen Spiegel über ihrem Bett anbringen. So konnte sie sich selbst sehen und malen.

2: Der französische Philosoph **Jean-Paul Sartre** (1905–1980) war auf seinem rechten Auge seit frühester Kindheit fast blind. Er konnte im Alter seine eigene Handschrift nur noch mithilfe eines Vergrößerungsglases lesen. Das Ich spielte in seiner Philosophie eine große Rolle.

Verschiedene Blicke austauschen

Jean-Paul Sartre **2** war der Ansicht, dass ich den Blick eines anderen Menschen brauche, um mich selbst zu verstehen. Wenn wir von jemandem angesehen werden, fühlen wir uns lebendig. Probiert es zu zweit einmal aus: Schaut euch gegenseitig an und versucht verschiedene Blicke zu zeigen; ihr könnt unsere
5 Vorschläge ergänzen: einen bezaubernden Blick; einen enttäuschten Blick; einen undurchdringlichen Blick; einen traurigen Blick; einen freundlichen Blick …

1. Malt als vierten Comic auf Seite 12 eine weitere spezielle Fähigkeit von Menschen. Ergänzt anschließend das darunter befindliche Schema, indem ihr dazu verschiedene Beispiele sucht.

2. Beschreibt das Selbstporträt von Frida Kahlo. Was erzählen uns die beiden Tiere über die Künstlerin?

3. Malt euch selbst mit einem Tier, das zu euch passt. Legt eure Zeichnungen in einen Kreis. Erratet anhand der Porträts, wer wer ist.

🦉 Durch Blicke fühlen wir uns lebendig, meint Sartre. Diskutiert, ob ihr dem zustimmt oder nicht.
Wertet gegenseitig eure Blicke aus.

Meine Stärken und Schwächen

„35 Kilo Hoffnung"

David ist 13 Jahre alt und geht in die sechste Klasse in Frankreich. Er hat schon zweimal eine Klasse wiederholt. David kann unglaublich gut basteln und tüfteln, aber lernen für die Schule, das kann er nicht. Davids Eltern sind verzweifelt und machen sich gegenseitig Vorwürfe für sein Versagen. Groß-

5 vater aber gibt ihn nicht auf. Er ermutigt David, eine Schule zu finden, die sein handwerkliches Talent fördert. David rafft sich auf und findet tatsächlich eine Schule, die ihm gefällt. Nun schreibt er einen Brief an den Schulleiter.

Anna Gavalda wurde 1970 geboren und ist eine französische Schriftstellerin und Journalistin. Bevor sie mit dem Schreiben anfing, arbeitete sie als Französischlehrerin.

Sehr geehrter Herr Direktor der Grandchamps-Schule,

ich würde sehr gerne in Ihrer Einrichtung aufgenommen werden,

aber ich weiß, dass es unmöglich ist, weil mein Schulzeugnis zu schlecht ist.

Ich sah in Ihrem Schulprospekt, dass Sie Werkstätten haben,

eine Schreinerei, Informatikklassen, ein Treibhaus und all das.

Ich glaube, es zählen nicht nur Noten im Leben. Ich glaube, dass auch die Motivation wichtig ist. Ich würde gerne nach Grandchamps kommen, weil ich glaube, dass ich dort am glücklichsten bin.

Ich bin nicht sehr groß, aber ich wiege 35 Kilo Hoffnung.

Auf Wiedersehen.

David Dubosc

P.S. Nummer 1: Das ist das erste Mal, dass ich jemanden inständig bitte, in die Schule gehen zu dürfen. Ich frage mich, ob ich nicht krank bin.

P.S. Nummer 2: Ich schicke Ihnen die Pläne einer Bananenschäl-maschine, die ich erfunden habe, als ich sieben war.

Wissen und Merken: Was wir nicht so gut können

Kein Mensch hat nur Stärken, jeder hat auch bestimmte Schwächen. Dies sind jene Dinge, die wir nicht so gut können, die uns schwer fallen und die uns viel Mühe kosten. Stärken und Schwächen zeigen sich in verschiedensten Bereichen unseres Lebens: in der Schule, bei Hobbys, in der Familie, im Umgang mit anderen Menschen und Dingen.

Das Stimmungsbarometer im Klassenraum

Zieht durch euren Klassenraum eine Linie. Dazu könnt ihr einen Strich mit Kreide auf den Boden zeichnen oder mit Kreppband kleben oder auch einen Wollfaden spannen.
Wenn nun nach und nach die folgenden Aussagen vorgelesen werden, sollt ihr euch an der Linie positionieren. An dem einen Ende der Linie befinden sich 0 Prozent und an dem anderen Ende 100 Prozent Zustimmung zu der Aussage. Wenn ihr der vorgelesenen Aussage also gar nicht zustimmt, dann positioniert euch an dem 0 Prozent-Ende, denn 0 Prozent bedeutet „Ich stimme gar nicht zu." 10 bis 20 Prozent bedeuten, dass ihr fast nicht zustimmt; eine Positionierung in der Mitte, also bei 50 Prozent, bedeutet, dass ihr halb/halb zustimmt, wenn ihr der Aussage fast zustimmt, stellt euch näher zum 100 Prozent-Ende und wenn die Aussage eure volle Zustimmung bekommt, dann seid ihr am 100 Prozent-Ende der Linie genau richtig.

Aussagen zu Stärken und Schwächen:
- Ich habe mehr Stärken als Schwächen.
- Ich habe kein Problem, über meine Stärken zu reden.
- Ich habe meine Stärken noch nicht entdeckt.
- Mir fällt es leicht, über meine Schwächen zu reden.
- Ich habe Stärken und Schwächen wie jeder Mensch.
- Ich kann Stärken und Schwächen von anderen Menschen manchmal besser einschätzen als meine eigenen.
- Mädchen haben oft andere Stärken als Jungen.

1. Als David den Brief (Seite 14) noch einmal durchliest, erscheint er ihm „ganz schön dämlich" und er zögert kurz, ihn tatsächlich abzuschicken. Schreibe die Geschichte an dieser Stelle aus der Sicht von David weiter.
2. Welche Schwächen und Stärken hast du? Male ein Bild und lass deinen Nachbarn oder deine Nachbarin raten.
3. Wertet das Stimmungsbarometer aus: Wo gab es die meiste Zustimmung und warum?
🦉 Müssen Menschen versuchen, ihre Schwächen zu überwinden? Führt dazu eine Pro- und Kontra-Diskussion (siehe Seite 91).

Ich fühle

🦉 Was sind Gefühle?

Gefühle sind der Klebstoff, der uns zusammenhält. Sie können einem auf
den Geist gehen oder uns am Denken hindern. Wenn ich mich zum Beispiel
stark angegriffen fühle, fallen mir oft keine guten Argumente ein. Sie kommen
mir erst später in den Sinn, wenn ich mich beruhigt habe und sie mir nichts
5 mehr nützen. Wenn ich in der Schule meine große Liebe angeschaut habe,
fällt mir gar nichts anderes mehr ein. Aber selbst wenn wir sie fortwünschen –
ein Leben ohne Gefühle wäre eine Katastrophe. Denn ohne Gefühle stehen
wir sehr, sehr dumm da. Menschen ohne Gefühle wären fürchterlich bedau-
ernswerte Wesen. Sie wären komplett unfähig zu handeln und wüssten gar
10 nicht, was sie denken sollten. Das Ärgerliche für viele Menschen an den Gefühlen ist, dass sie so schwer abzustellen oder herbeizurufen sind.

Nach **Richard David Precht**

Halb Mensch, halb Vulkanier

Richard David Precht[1] hat sich in seinem Buch „Wer bin ich und wenn ja, wie viele?" auf die philosophische Suche nach dem Ich gemacht. Im Kapitel über Gefühle erinnert er sich an Mr. Spock, eine Figur aus der Fernsehserie Raumschiff „Enterprise".

Mr. Spock ist halb Mensch und halb Vulkanier. Die Vulkanier denken rein logisch und bringen ihre Gefühle nie zum Ausdruck. „Alles was ich kenne, ist Logik", sagt er über sich und bringt damit seine Mitmenschen manchmal zur Verzweiflung.

1: Der Philosoph und Autor **Richard David Precht** wurde 1964 in Solingen geboren. Er schreibt auch Bücher für Jugendliche (siehe Seite 140 in diesem Buch).

Leonard Nimoy als Mr. Spock in der Star Trek-Serie, 1966–1969: hier in „Let That Be Your Last Battlefield" (Season 3, Folge 70)

1. Wie fühlen sich die Kinder auf den Bildern (Seite 16)? Woran erkennt ihr das? Begründet eure Meinung.
2. Schreibt einige Gefühle an die Tafel und stellt sie als Pantomime dar. Erratet gegenseitig, welche Gefühle ihr dargestellt habt.
3. Erklärt, warum Gefühle „der Klebstoff" sind, der „uns zusammenhält".

🦉 Richard David Precht meint: „Mr. Spock ist vielleicht in seiner Mimik und Gestik oft etwas seltsam, aber er ist ein Mensch wie du und ich. Ein menschliches oder menschen-ähnliches Wesen, das keine Gefühle hat, ist undenkbar." Erkläre, welche Gründe ihn zu dieser Behauptung führen.

Erfolg und Misserfolg

Ich habe mich so gefreut!

Heute war es richtig toll in der Schule, nämlich weil wir fast die ganze Woche über so brav waren, hat die Lehrerin uns Knetmasse zum Modellieren mitgebracht. Jeder hat ein Stück davon gekriegt und sie hat uns gezeigt, wie man ein kleines Häschen darauf macht, mit großen Ohren. Mein Häschen war das
5 beste von der ganzen Klasse, das hat meine Lehrerin gesagt. […]
Ich bin ganz froh nach Hause gegangen, mit meinem Häschen in der Hand, damit es nicht in der Schultasche platt gedrückt wird. Ich bin sofort in die Küche gerannt und habe gerufen: „Guck mal, Mama!" Mama hat sich umgedreht und sie hat aufgeschrien: „Nick, wie oft soll ich dir noch sagen, du sollst
10 nicht wie ein Wilder in die Küche reingestürmt kommen!" Ich habe Mama mein Häschen gezeigt. „Schön, wasch dir die Hände", hat Mama gesagt, „das Essen ist fertig." „Aber sieh doch mal mein Häschen, Mama", habe ich gesagt. „Unsere Lehrerin hat gesagt, es ist das hübscheste von der ganzen Klasse." „Ist ja gut", hat Mama gesagt. „Jetzt geh und mach dich fertig." Aber ich hab
15 genau gesehen, Mama hat mein Häschen überhaupt nicht angeschaut. Wenn sie so was sagt „Ist ja gut" oder so, dann schaut sie gar nicht richtig hin. „Du hast es ja gar nicht angesehen, mein Häschen", habe ich gesagt. „Nick", hat Mama gerufen, „Ich habe dir gesagt, du sollst dich zum Essen fertig machen! Ich bin schon nervös genug, da brauchst du nicht auch noch so unerträglich
20 sein!" Also, das war doch ein dickes Ding. Ich mach so ein tolles Häschen, die Lehrerin sagt, es ist das hübscheste von der ganzen Klasse, sogar Adalbert, der Liebling, ist eifersüchtig und zu Hause werde ich ausgeschimpft. Das ist vielleicht ungerecht, nee wirklich. Ich habe dem Küchenschemel einen Tritt gegeben und bin in mein Zimmer raufgerannt, aus Trotz, und ich hab mich aufs
25 Bett geworfen. […]

René Goscinny und **Jean-Jacques Sempé**, *französische Schriftsteller*

Wissen und Merken: Jemanden wertschätzen

Wenn Menschen keine Wertschätzung erfahren, werden sie unzufrieden oder sogar krank. Sie fühlen sich einsam und von anderen Menschen im Stich gelassen. Wer dagegen oft gelobt wird, entwickelt ein positives Selbstwertgefühl: „Ich kann etwas! Ich werde gebraucht! Die anderen schätzen mich!" Das
5 Gehirn schüttet dann den Botenstoff Dopamin aus. Wir fühlen uns rundherum glücklich und wollen Dinge angehen und Ziele erreichen.

„Spieglein, Spieglein an der Wand, wer ist die Schönste im ganzen Land?"

Szene aus der amerikanischen Filmkomödie „Little Miss Sunshine" (2006): Das Mädchen in der Mitte ist Olive, kurz vor der Siegerehrung in einem der Schönheitswettbewerbe, die es in den USA auch für Kinder gibt. Die Zuschauer sind von Olives Anblick irritiert; doch ihre Familie jubelt ihr zu. Hat Olive mit ihrem Auftritt Erfolg – oder ist sie gescheitert?

Misserfolg oder Enttäuschung?

Entscheide bei den folgenden Sätzen, worum es sich handelt. Fallen dir eigene Beispiele ein? Schreibe sie in dein Heft.

a. Ich habe es nicht geschafft, eine gute Note im Vokabeltest zu bekommen, obwohl ich doch so viel geübt habe.

b. Das teure Skateboard war schon nach einer Woche kaputt.

c. Ich habe meinem besten Freund von meinem neuen Rekord erzählt, aber es hat ihn gar nicht interessiert.

d. Bei einem Fußballspiel gelingt dir ein tolles Tor. Trotzdem verliert deine Mannschaft am Ende das Spiel.

1. Schau dir das Bild auf Seite 19 genau an und beschreibe es: Fällt dir ein Unterschied zwischen Olive (dem Mädchen, das in der Mitte steht) und den anderen vier Mädchen auf?

2. Versuche zu erklären, warum Olive auf dem Bild so ausschaut wie du in Aufgabe 1 beschrieben hast.

3. Erklärt anhand der Geschichte von Nick den Zusammenhang zwischen Erfolg und Misserfolg.

🦉 „Misserfolg ist ein kleiner Umweg auf dem Weg zum Erfolg" (Bertrand Russell*). Können Misserfolge auch eine positive Wirkung haben? Denke dir eine Geschichte aus, in der jemand durch einen Misserfolg zu einer besseren Leistung angespornt wird.

Philosophisches Forum:
Brauchen wir ein Gewissen?

1. Während einer Mathearbeit hast du von deinem Sitznachbarn abgeschrieben, Als er aber eine Antwort von dir will, hast du Angst, von der Lehrerin entdeckt zu werden und deckst dein Blatt zu. Du bekommst eine Eins und dein Nachbar eine Zwei.

2. Du hast eine schlechte Note in der Deutscharbeit. Zu Hause fragen deine Eltern, wie die Arbeit ausgefallen ist. Du verschweigst ihnen deine schlechte Note.

3. Du siehst, wie ein Mitschüler fünf Euro verliert und steckst sie heimlich in deine Tasche.

Das Gewissen als innerer Richter

1: Immanuel Kant (1724–1804) ist einer der größten Denker in der Geschichte der Philosophie. Er lebte in Königsberg, das heute Kaliningrad heißt und zu Russland gehört.
Kant hat eine wichtige Regel aufgestellt: Man soll sich vor einer Entscheidung immer erst einmal fragen, ob man wollen kann, dass alle Menschen dasselbe tun. Diese Regel nannte Kant den „Kategorischen Imperativ" (zu Regeln siehe auch die Seiten 32/33).

Bevor wir eine Entscheidung treffen, sollten wir unser Gewissen befragen. Es funktioniert wie ein innerer Richter. Jeder Mensch hat ein Gewissen und dieses Gewissen folgt ihm wie ein Schatten, wenn er meint ihm entkommen zu können. Er kann zwar versuchen sich davon abzulenken oder sich schlafen
5 zu legen; aber er kann es nicht vermeiden, immer wieder sich selbst zu begegnen und in sich hineinzuhören. In diesen Momenten hört er dann die furchtbare Stimme des schlechten Gewissens.
Das Gewissen bekommt der Mensch nicht von außen und er wird auch nicht dazu gezwungen, sich eines anzuschaffen, sondern jeder Mensch hat ein
10 solches von Anfang an in sich.
Wenn man also sagt: dieser Mensch hat kein Gewissen, so meint man damit: Er hört nicht auf seine innere Stimme. Das Gewissen ist immer da und überprüft laufend, was wir machen. Jeder hat die Pflicht, sein Gewissen regelmäßig zu überprüfen und zu schärfen.
Nach **Immanuel Kant**[1]

4. Auf dem Weg nach Hause fragt dich eine Mitschülerin nach deiner Deutschnote. Um nicht schlecht dazustehen, behauptest du, du hättest eine Zwei, obwohl du eine Vier hast.

5. Du hast deiner besten Freundin oder deinem besten Freund den Freund oder die Freundin ausgespannt.

6. Du entdeckst auf dem Küchentisch den Geldbeutel deiner Mutter – mit viel Kleingeld. Du nimmst dir heimlich zwei Euro. Deine Mutter hat nichts gemerkt.

Weg mit dem schlechten Gewissen!

Der Mensch neigt dazu, sich selbst zu quälen. Ursprünglich lebte er wie ein Tier und hat immer das gemacht, wozu er gerade Lust hatte. Als sich aber die Menschen entschlossen, in Gemeinschaften zu leben, musste jeder seine natürlichen Wünsche unterdrücken. Jetzt konnte der Mensch nicht mehr alles
5 machen, was er gerne wollte. Er musste Rücksicht auf andere nehmen und hat das schlechte Gewissen erfunden. Es soll das Tier im Menschen zähmen. Das schlechte Gewissen tut weh, wenn man etwas Böses tut.
Das Gewissen orientiert sich an Autoritäten. Das sind Menschen, die uns sagen, was wir tun sollen, wie zum Beispiel unsere Lehrer und unsere Eltern. Das
10 schlechte Gewissen ist also nicht unsere innere Stimme, sondern die Stimme einiger Menschen, die uns einreden wollen, wir hätten etwas Böses getan. Wir sollten wieder frei leben und dafür brauchen wir kein Gewissen!
Nach **Friedrich Nietzsche**[1]

1: Friedrich Nietzsche (1844–1900) war schon mit 24 Jahren Professor für Latein und Griechisch. Er verließ mit 30 Jahren die Universität, um als Philosoph tätig zu sein. Seine wichtigste These war: Die Philosophen sollten alles auf der Welt in Frage stellen.

1. Lies dir die oberen sechs Beispielsätze durch. In welcher Situation würde dich ein schlechtes Gewissen plagen? Schreibe die Sätze in dein Heft und ordne sie nach der Stärke deiner Gewissensbisse. Ganz oben schreibst du die Situation auf, die dein Gewissen am meisten belasten würde.

2. Erkläre, woher nach Kant das Gewissen kommt.

3. Warum fordert Nietzsche, dass das Gewissen abgeschafft werden soll?

4. Welchem Standpunkt würdet ihr zustimmen? Begründet eure Meinung. Bereitet dafür eine Standpunktrede zu diesem Thema vor (siehe Seite 139).

🦉 Wie sähe eine Welt ohne Gewissen aus? Sprecht darüber in der Ethikgruppe.

Der besondere Text:
Dein früheres Ich

Hallo Eliza,

oder sollte ich besser sagen „hallo ich"? Wenn du dich fragen solltest, wie
dein früheres Ich überhaupt wissen kann, dass du noch lebst und wo du
wohnst, hier ist die Antwort: In unserem Kurs haben wir heute eine Zeitreise
5 gemacht. Wir sind mithilfe einer Zeitmaschine 20 Jahre in die Zukunft
gereist. Natürlich nicht mit einer echten Maschine, so etwas gibt es heutzutage noch nicht, sondern in unseren Gedanken. Wir sahen Felder und Städte
und beim genaueren Hinsehen sahen wir uns selbst in 20 Jahren. Ich muss
zugeben, ich war ein wenig überrascht, als ich mich, also dich, gesehen habe,
10 denn wir haben uns nicht wirklich verändert. Dieselben braunen, glatten
Haare, nur etwas länger. Dieselben blaugraugrünen Augen funkelten mir
entgegen, während auf dem kleinen Mund ein Lächeln lag. Neben dir stand
ein kleiner Junge, seine Hand in deiner. Um deine Schulter lag ein Arm, der
zu einem großen Mann mit breiten Schultern gehörte, der lächelnd zu dir
15 hinunter sah. Hinter euch stand ein Haus. Es war aus rotem Sandstein gebaut
und von einem großen Garten umgeben. Anscheinend ist dein Ehemann
Chirurg. Ich hoffe, du bist deinen Interessen nachgegangen und schreibst
Fantasy-Bücher. Genaues konnte ich nicht erkennen, aber ich denke, die
Beziehungen zu deinen Freunden hast du seit deiner Schulzeit beibehalten.
20 Und unsere Familie ist offensichtlich immer noch die lustigste von allen.
Deinen Humor solltest du nicht verlieren, damit du unseren kleinen Bruder
weiter ein wenig nerven kannst.

Ich wünsche dir noch ein
schönes Leben
Dein früheres Ich

Eine Zeitreise durchführen

Schließt nun alle die Augen. Stellt euch vor, ihr steht zusammen in einem großen Kreis auf einem kleinen grünen Hügel. Es ist ein sonniger Tag. Die Vögel zwitschern und es weht ein leichter erfrischender Wind um eure Nasen. In eurer Mitte steht eine Maschine, die an eine Rakete erinnert. Die Maschine
5 ist voll von blinkenden Lichtern und ein wenig Dampf stößt aus ihr hervor. Ihr schaut genauer hin und entdeckt ein Schild mit dem Wort „Zeitmaschine". Neugierig betretet ihr nacheinander die Maschine. An den Wänden sind viele kleine Stühle montiert. Die Stühle sind so angebracht, dass man, wenn man auf ihnen sitzt durch ein kleines Fenster nach draußen gucken kann. Zu
10 jedem einzelnen Stuhl gehört ein eigenes Fenster. In dem Moment erklingt ein Signalton und eine freundliche Computerstimme spricht: „Willkommen in der Chrono 3000. Bitte setzen Sie sich und schnallen Sie sich an. In wenigen Sekunden starten wir unsere Reise in die Zukunft. Um genauer zu sein: Wir springen 20 Jahre nach vorn." Ihr setzt euch auf einen der Stühle, schnallt
15 euch an – und schon geht es los. Die Maschine saust in die Höhe und fliegt in einem Affentempo durch die Luft.

Du brauchst einen Moment, um dich zu orientieren. Dann blickst du aus deinem Fenster auf die Welt in 20 Jahren. Du siehst erst weite Landschaften, dann Städte und schließlich erkennst du mithilfe des Teleskops, das über
20 deinem Sitz angebracht ist, einzelne Menschen. Und wer ist das? Du reibst dir kurz verwundert die Augen und schaust noch einmal genauer hin. Kein Zweifel! Das bist du selbst – in der Zukunft! Betrachte dich genau! Wie siehst du aus? Wo wohnst du? Hast du eine Familie? Was machst du? Siehst du glücklich aus? Betrachte dich und deine Umgebung genau.
25 Da erschallt die Stimme des Bord-Computers: „Leider ist unser Tank nun fast leer und wir müssen unsere Rückreise antreten." Die Zeitmaschine wendet sich und setzt nach wenigen Augenblicken schon wieder sanft auf dem kleinen Hügel auf.

Lasst noch eure Augen geschlossen. Bleibt noch einen Moment im Sitz der
30 Zeitmaschine bei den Bildern aus der Zukunft. Verlasst nun die Maschine, indem ihr eure Augen wieder öffnet.

Julia Robert

1. Lest den Text von Elizas Zeitreise. Wie hat sich das Mädchen im Laufe der Zeit verändert? Was ist gleich geblieben?

2. Führt zusammen in der Ethikgruppe eine Reise in die Zukunft durch und beantwortet die folgenden Fragen: *Wie wirst du aussehen? Wie und mit wem wirst du wohnen? Was wirst du machen?* Ihr könnt eure Antworten aufschreiben oder dazu ein Bild malen.

3. **Projektvorschlag:** Startet ein Interview in eurer Stufe oder Schule, wie sich eure Mitschülerinnen und Mitschüler ihr Leben in 20 Jahren vorstellen (siehe Seite 161).

   Schreibe einen Brief an dich, wenn du 20 bist, in dem du von deiner Zeitreise erzählst. Stecke den Brief in einen Umschlag und gib ihn jemandem, dem du vertraust. Diese Person soll den Brief für dich aufbewahren und ihn dir in einigen Jahren wiedergeben.

Wissen und Verstehen:
Wer bin ich?

Das weiß ich: Diese Namen und Begriffe kann ich ordnen

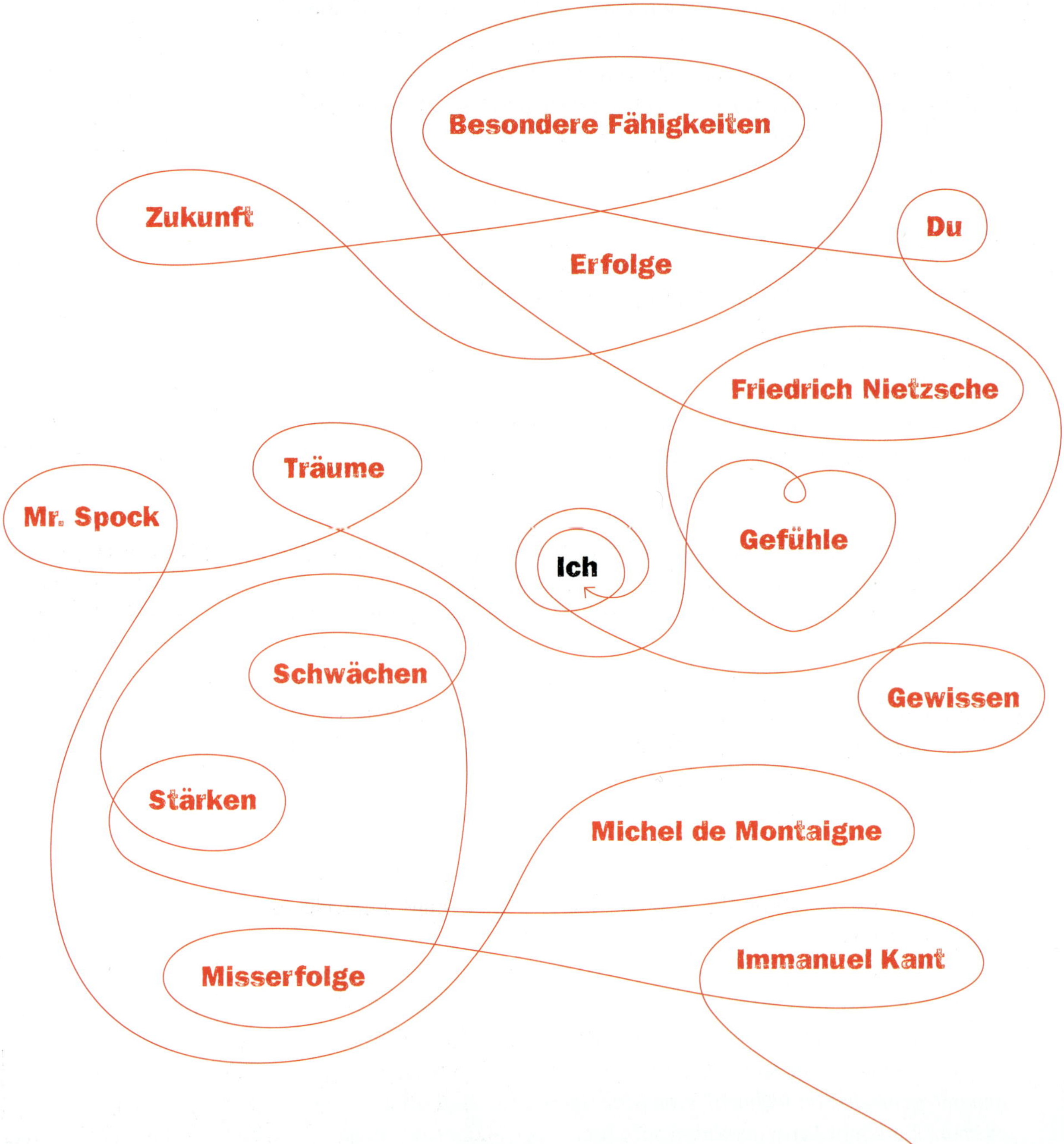

Besondere Fähigkeiten

Zukunft

Du

Erfolge

Friedrich Nietzsche

Träume

Mr. Spock

Gefühle

Ich

Schwächen

Gewissen

Stärken

Michel de Montaigne

Misserfolge

Immanuel Kant

1. Erklärt euch mithilfe der Namen und Begriffe gegenseitig, was ihr in diesem Kapitel gelernt habt.

Darauf kommt es an: Ich beobachte mich selbst

Jeder Mensch hat ein Ich. Und jedes Ich ist einzigartig. Es ist schwierig das Ich zu beschreiben, da es sich ständig verändert. Diese Erfahrung hat auch der Philosoph **Michel de Montaigne** gemacht. Je nach Stimmungslage und Tageszeit erscheint es mir in einem anderen Licht. In der Begegnung mit anderen Menschen entsteht ein neues Bild von mir.

Das Ich denkt, fühlt und erträumt sich eine Zukunft. Ich bin mir meiner Stärken und Schwächen bewusst und setze mir Ziele, die ich erreichen möchte. Immer wieder muss ich mich vor meiner inneren Stimme verantworten. Sie ist nach Ansicht von **Immanuel Kant** jedem Menschen angeboren und unterstützt ihn bei Entscheidungen. **Friedrich Nietzsche** dagegen meint, ich brauche keine innere Stimme, weil sie meine tierische Natur unterdrückt.

Das kann ich: Ein Experiment durchführen

Die eigene aufgezeichnete Stimme hören
Dauer: Einige Minuten
Material: eine Aufnahme, auf der deine Stimme zu hören ist
(das kannst du zum Beispiel mit deinem Handy machen)
Wirkung: befremdend

Dieses Experiment ist immer wieder verblüffend: „Das bin ich?" Deine Stimme erscheint dir zu hoch oder zu tief, zu langsam oder zu schnell, schwankend, schräg, unerwartet. Zunächst erkennst du ihren Klang gar nicht. Während das Aufnahmegerät die Stimmen von anderen richtig wiedergibt, verfälscht es deine.
Diese Wörter und Sätze hast du zwar gesagt. Aber sie erscheinen dir beim Hören eigenartig verzerrt. Das bist du und auch wieder nicht. Du kennst dich „von innen" und nun nimmst du dich „von außen" wahr.
Es gab eine Zeit, da konnte kein Mensch seine Stimme so hören, wie die anderen sie wahrnehmen und auch sein Erscheinungsbild nicht so sehen, wie die anderen es erblicken. Das ist uns erst durch unsere technischen Geräte möglich. Die Technik hilft der Philosophie – sie wirft die Frage auf, welches unser wahres Ich ist.
Nach **Roger-Pol Droit** [1]

1: Roger-Pol Droit
(geb. 1949) ist ein französischer Philosoph. Er ist Autor zahlreicher Bücher für Kinder, Jugendliche und Erwachsene.

2. Wie wir uns selbst wahrnehmen entspricht nicht immer der Wahrnehmung, die andere von uns haben: *Haben wir mehrere Persönlichkeiten?* Diskutiert in der Klasse darüber.
3. Kennst du weitere Situationen, in denen du dir selbst fremd vorkommst?

Kapitel 2:
Miteinander

Menschen können nur in Gemeinschaften leben.
Nach Aristoteles

Schreibt zehn Tätigkeiten auf, die ihr nicht alleine könnt. Formuliert im Laufe
dieses Kapitels nach jeder Doppelseite Fragen zum Thema „Miteinander",
die für euch vorläufig unbeantwortet geblieben sind. Ihr könnt dafür einen
Fragekasten basteln.

In diesem Kapitel lernst du

- verschiedene Gemeinschaften kennen
- die Begriffe Gemeinschaft und Familie zu definieren
- was Regeln, Werte und Normen verbindet

Dabei nutzt du

- die Methode des fremden Blicks
- die Methode der Bildbeschreibung
- das Internet zu Recherche-Zwecken

Du beurteilst und bewertest

- Regeln in der Gemeinschaft
- ob man andere Menschen „braucht"
- wann sich jemand fremd fühlt

Ich – Du – Wir

Wer bin ich?

> *Marwans Klasse soll zu Hause einen Aufsatz zum Thema „Wer bin ich?"
> schreiben. Marwan sitzt auf seinem Bett und denkt nach.*

Eigentlich bin ich ein syrischer Junge, der aus einem kleinen Dorf bei Palmyra
kommt und noch zwei Geschwister hat. Jetzt lebe ich mit meiner Familie
allerdings in Deutschland, weil unser Haus von einer Bombe zerstört wurde.
Etwas von meinem alten Zuhause ist mir jedoch geblieben: Wir sprechen in
5 unserer Familie Arabisch.

Aber eigentlich bin ich doch auch ein bisschen deutsch. Ich gehe in eine
sechste Klasse in Ludwigshafen und spreche den ganzen Tag Deutsch. Mein
bester Freund Bastian spricht kein Wort Arabisch, und auch in meiner
Basketballgruppe habe ich viele deutsche Freunde. Also bin ich auch ein
10 bisschen deutsch.

Marwan, *12 Jahre*

1: Ein einzelner Mensch
2: Selbstbild

3: Amartya Sen
(geb.1933) stammt aus
Indien. Er beschäftigt sich
vor allem mit dem Zu-
sammenhang zwischen
Wirtschaft und Armut.

🦉 Was ich alles bin

Im normalen Leben begreifen wir uns als Mitglied einer Vielzahl von Gruppen
– ihnen allen gehören wir an. Eine Person[1] kann ganz ohne Widerspruch
deutsche Bürgerin türkischer Herkunft, Christin, Mädchen, Vegetarierin,
Langstreckenläuferin, Schülerin, Pfadfinderin, Tennisfan und so weiter sein.
5 Jede dieser Gruppen, denen diese Person gleichzeitig angehört, vermittelt ihr
eine bestimmte Identität[2]. Keine von ihnen kann als die einzige Identität
dieser Person gesehen werden. In verschiedenen Situationen kann es besonders wichtig sein, einer dieser Gruppen anzugehören. Manchmal muss man
sich entscheiden, welche Zugehörigkeit gerade am Wichtigsten ist. Aber dies
10 bedeutet nicht, dass die anderen Zugehörigkeiten unwichtig geworden sind.
Nach **Amartya Sen**[3]

Wissen und Merken: Was ist eine Gemeinschaft?

Die meisten unserer […] Verhaltensweisen erlernen wir durch den Umgang mit anderen Menschen. Wir leben zusammen und teilen Nahrungsmittel, Wohnung, Möbel, Autos, Bücher und viele andere Dinge. Wir sind abhängig vom Willen der anderen, diese Dinge mit uns zu teilen. Die anderen hängen
5 natürlich auch von unserem Willen ab. Das heißt: Wir bilden eine Interessengemeinschaft. Die Eltern wünschen uns Wohlergehen und erwarten das Gleiche von uns. Wir wünschen Freunden Wohlergehen und erwarten das Gleiche von ihnen. Gute Wünsche reichen allerdings nicht aus. Sie müssen von gegenseitigen Übereinkünften wie Regeln und Versprechen getragen
10 werden. In jeder Gruppe von Menschen gibt es diesbezüglich bestimmte Erwartungen. So haben Eltern beispielsweise die Erwartung, von ihren Kindern respektiert zu werden […]. Die Ausarbeitung von gegenseitig anerkannten Regeln und Erwartungen bestimmt also eine Gemeinschaft."

Konstantin Kolenda[1]

1: Konstantin Kolenda (1928–2005) war ein amerikanischer Philosoph, der viele Bücher für Jugendliche geschrieben hat, u. a. „Ethik für die Jugend".

> Du hast mir versprochen, Papa, dass wir heute Tischtennis spielen.

> Ja, aber jetzt will ich Fußball gucken.

🦉 Marwan sagt, dass er zweimal Ich ist. Erklärt diesen Gedanken.

2. Welche Merkmale hat eine Gemeinschaft? Tragt sie aus dem Text zusammen und ergänzt die Gedanken von Konstantin Kolenda.

3. Kommentiert das Verhalten von Vater und Sohn auf dem Bild: Wie könnte das Problem gelöst werden? Macht in der Klasse Vorschläge.

4. **Projektvorschlag:** Gestaltet eine Collage* mit dem Titel: Ich lebe in verschiedenen Gemeinschaften.

Meine Familie

Ein ganz normaler Tag

Morgens klingelt um 6:30 Uhr mein Wecker. Meine Mutter ist einige Minuten
vor mir aufgestanden und macht schon das Frühstück und die Brotdosen
fertig. Ich husche schnell ins Badezimmer, dusche mich und ziehe mich an.
In der Küche steht dann schon mein Frühstück auf dem Tisch. Währenddessen
5 geht meine Mutter ins Badezimmer. Mein kleiner Bruder wird um 7:00 Uhr
geweckt. Ich muss um 7:20 Uhr aus dem Haus; sonst ist die Straßenbahn
abgefahren. Meine Mutter verlässt um 7:30 Uhr das Haus, mein Bruder
10 Minuten später – er kann zu Fuß zu seiner Grundschule gehen. Mein Vater
muss erst um 9:00 Uhr im Büro sein, er kann daher am längsten schlafen.
10 Mein Mittagessen gibt es in der Schule: Über das Internet habe ich aus drei
verschiedenen Essen vorher wählen können. Kurz vor 15:00 Uhr ist die
Schule aus; gegen 15:30 Uhr bin ich dann zu Hause. Montags spiele ich noch
in der Basketball AG und freitags mache ich Judo. Auf dem Nachhauseweg
habe ich meinen kleinen Bruder abgeholt. Meine Mutter ist dann schon zu
15 Hause. Wir erzählen von dem, was der Tag bis dahin gebracht hat und nehmen
einen kleinen Snack ein. Danach erledige ich meine Hausaufgaben oder
lerne Vokabeln. Das dauert ungefähr eine Stunde. Endlich ist nun freie Zeit.
Manchmal gibt es Ärger, wenn ich zu Hause nicht helfen will, zum Beispiel
Einkäufe erledigen oder so. Wir essen abends alle zusammen: Meistens kocht
20 meine Mutter; nur am Wochenende ist mein Vater dran. Danach gucken mein
Bruder und ich Fernsehen. Um 20:15 Uhr gehe ich auf mein Zimmer und lese
noch. Am nächsten Morgen klingelt mein Wecker um 6:30 Uhr …

Aron, *11 Jahre*

Wissen und Merken: Familie

Das Wort „Familie" kommt aus dem Lateinischen und bedeutet „Hausgemeinschaft". Kinder werden in eine Familie hineingeboren: Sie ist in der Regel der erste Ort menschlichen Zusammenlebens. Im Laufe der Jahrhunderte hat sich die Form der Familie gewandelt. Die ehemals vorherrschende Form der
5 Großfamilie, in der Eltern, Großeltern und Kinder in einem Haus lebten, wird heutzutage durch vielfältige Familienformen ergänzt, zum Beispiel: Kleinfamilien (Mutter, Vater und Kind), Patchwork-Familien (Mutter und Vater, die Kinder aus früheren Beziehungen mit in die Familie bringen) oder Alleinerziehende. Die Familie ist ein wichtiger Ort, an dem Kinder lernen, sich an
10 bestimmte Regeln zu halten (siehe nächste Seite).

Familie und andere Lebensformen

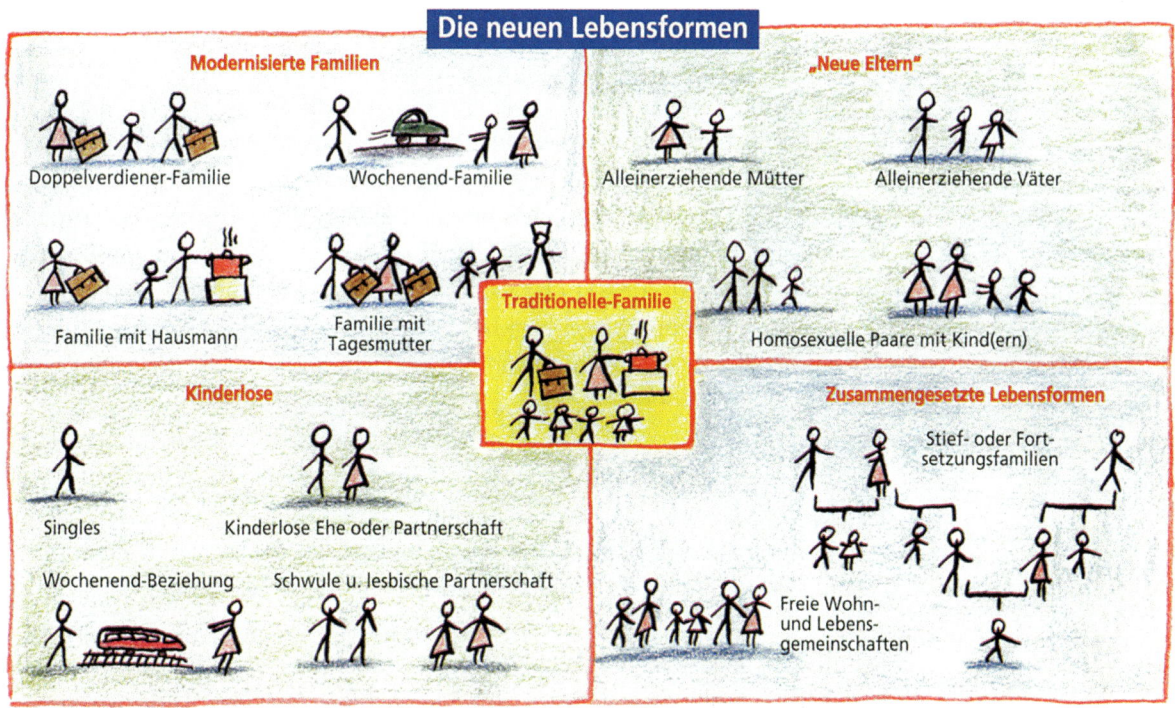

„Die neuen Lebensformen", Katrin Fiederling

1. Erzählt vom Tagesablauf in eurer Familie. Gibt es etwas, das bei euch anders ist als bei Aron?

2. Beschreibt die Zeichnung zur Familie (Seite 30). Findet heraus, welche Beziehung zwischen den Familienmitgliedern ausgedrückt wird (zur Bildbeschreibung siehe auch Seite 124 in diesem Buch).

3. Erzählt anhand des Schemas über die verschiedenen Formen der Familie (Seite 31) und ergänzt es durch Informationen aus dem Internet.

4. Bastelt eine Wunschtüte, die ihr mit dem füllt, was ihr von einer Familie erwartet. Das können zum Beispiel Begriffe wie Geborgenheit, Liebe, Rat, Grenzen, Vertrauen sein. Stellt euch die Wunschtüten gegenseitig vor.

Ohne Regeln gäbe es Chaos

Allein auf Urangatonga

Zum Glück bist du nicht allein auf der Welt. Du bist Sohn oder Tochter deiner Eltern, Bruder oder Schwester deiner Geschwister, Enkelkind deiner Großeltern, Schüler deiner Schule, Patient deines Zahnarztes, Torwart deiner Fußballmannschaft, Fahrradfahrerin im Straßenverkehr und so weiter. Mit all
5 diesen Menschen zusammen bildest du eine Gemeinschaft. In Deutschland leben etwa 80 Millionen Menschen. Bei so vielen Menschen ist es klar, dass nicht jeder das machen kann, was er will. Sonst ginge es drunter und drüber. Also muss es Regeln geben. Vorschriften, an die sich jeder halten muss. Das klingt einleuchtend. Richtig klar wird es aber erst, wenn man begreift, wie
10 eine Gemeinschaft überhaupt funktioniert. Dazu verkleinern wir unsere große Gemeinschaft auf eine „Mini-Gemeinschaft".

Stell dir vor, du lebst auf einer einsamen Insel mit dem Namen Urangatonga. Auf der Insel steht eine Palme, am Ufer liegt ein kleines Boot, und dann denken wir uns noch eine Bananenstaude hinzu, damit du nicht verhungerst.
15 Deine Eltern musst du dir wegdenken, du lebst nämlich allein auf dieser Insel. Und das hat durchaus Vorteile, Du stehst morgens auf, wann du willst, du gehst in keine Schule und schreibst keine Diktate. Wenn du eine Banane gegessen hast, wirfst du die Schale hinter dich in den Sand. Und abends gehst du schlafen, wann du es für richtig hältst. Kurz: Du tust und lässt, was du
20 willst. Auf deiner Insel gibt es keine Regeln.

Du brauchst auch keine Regeln. Denn egal, was du tust, du störst niemanden. Zwar könntest du Regeln aufstellen, etwa die, auf der Insel keinen Lärm zu machen. Gegen diese Regel könntest du aber jederzeit verstoßen. Auf deiner Insel gibt es niemanden, den es stört, wenn du trotzdem Lärm machst. Daher
25 spricht man bei so einer „Regel" nicht von einer wirklichen Regel – unter Regeln versteht man Vorschriften, die für mehrere Menschen gelten. Deine „Regeln" gelten aber nur für dich – du kannst dich an sie halten oder auch nicht.
Nicola Lindner

Wer mit anderen zusammenlebt, braucht Regeln

Die Situation ändert sich, als deine Eltern und dein kleiner Bruder zu dir auf die Insel ziehen. Das erste, was deine Mutter sagt, ist: „Wie sieht es denn hier aus? Überall liegen Bananenschalen rum!" Und du sagst: „Wieso, das stört mich nicht." Und deine Mutter sagt: „Aber mich stört das, so geht das nicht
5 weiter! Stell' dir vor, jeder von uns würde seine Bananenschalen in den Sand werfen. Vor lauter Schalen könnten wir uns am Strand nicht mehr richtig sonnen." Kurzerhand baut deine Mutter aus Blättern einen Korb und stellt die Regel auf, dass alle Inselbewohner ihre Schalen in diesen Korb werfen müssen. Damit bist du nicht einverstanden: „Ich habe keine Lust, jedes Mal,
10 wenn ich gemütlich in der Sonne sitze, aufzustehen, zum Korb zu rennen und die Schale reinzuwerfen. Wie umständlich. Mach ich nicht."

Bevor es zu einem großen Streit kommt, schlägt deine Mutter vor, über diese Frage abzustimmen – Korb ja oder nein? „Ganz klar: Nein", brummst du. „Ganz klar: Ja", brummen dein Vater und deine Mutter, und dein Bruder sagt
15 nach kurzem Zögern: „Ok, dann machen wir das halt so." Du wirfst deinem Bruder einen bösen Blick zu und murmelst was von Verräter, aber das Ergebnis ist klar: 3 zu 1 für die Korbregel. Du konntest dich leider nicht durchsetzen, und so bleibt es dabei: Bananenschalen müssen in den Korb geworfen werden.

Sobald zwei und mehr Menschen zusammenleben, brauchen sie Regeln. Was
20 auf der Insel die Korbregel ist, sind bei euch zu Hause die Regeln, schmutzige Wäsche in den Wäschekorb zu werfen und die Schuhe an der Haustür aus- zuziehen. Das sind aber nur Regeln, die innerhalb einer bestimmten Familie gelten. In der nächsten Familie gelten wieder ganz andere Regeln – aus deiner Sicht weniger strenge. Da räumt die Mutter die Wäsche hinter einem,
25 her, und man kann mit Straßenschuhen durchs Haus laufen. Und es gibt mehr Taschengeld, und man darf abends länger aufbleiben. Zu ärgerlich, dass man ausgerechnet in der Familie wohnt, in der nichts, aber auch gar nichts erlaubt ist.

Wenige Menschen können sich schnell auf einige Regeln einigen. Je mehr
30 Menschen es gibt, desto schwieriger wird eine solche Einigung.
Nicola Lindner[1]

1: Nicola Lindner
ist Mutter von vier Kindern und Jugendrichterin in Frankfurt/Main.
Wenn du mehr über Regeln und Gesetze wissen willst, dann lies ihr Buch „Jura für Kids". München 2013.

1. Erklärt den Begriff Regel anhand eines Beispiels aus eurer Familie oder aus der Schule.
2. Wann braucht jemand Regeln und wann nicht? Was sagt der Text?
3. Erklärt den Gedanken: Je mehr Menschen es gibt, desto schwieriger kann man sich auf Regeln einigen.
4. Stellt euch vor, ihr könntet einen Tag lang unsichtbar sein. Welche Regeln würdet ihr zu Hause oder in der Schule nicht einhalten? Begründet eure Entscheidung.

Regeln bei Steffi und Aischa

1: Paul Maar
(geb. 1937) ist einer der meist gelesenen deutschen Jugendbuchautoren. Berühmt wurde er mit seinem Fabelwesen Sams.

In seinem Buch „Neben mir ist noch Platz" erzählt Paul Maar die Geschichte von Steffi und Aischa, die Freundinnen werden. Aischa ist mit ihrer Familie aus dem Libanon geflohen, weil dort Krieg war. Ihre Familie findet in Deutschland ein neues Zuhause. Beiden Mädchen fällt bei gegenseitigen Besuchen auf, dass es in verschiedenen Kulturen oft unterschiedliche Regeln gibt.

Aischa besucht Steffi

Aischa ist am Sonntag in Steffis Familie eingeladen. Sie kommt nicht allein, sondern bringt ihren Bruder Jussuf mit.

[…] Später grillt Steffis Vater für alle draußen im Garten. Papa legt auf jeden Teller zwei gegrillte Würstchen, eine Grilltomate und eine Scheibe Brot.

Als Aischa in ihr Würstchen beißen will, sagt Yusuf etwas
5 in seiner fremden Sprache. Aischa legt das Würstchen wieder zurück und isst nur die Grilltomate. Ihr Bruder macht es genauso.

Später, als die beiden wieder gegangen sind, sagt Papa ein bisschen ärgerlich: „Deine Freunde scheinen ja ganz schön verwöhnt zu sein. Die Würste haben
10 ihnen wohl nicht geschmeckt? Nicht einen Bissen haben sie gegessen."
Mama sagt: „Ich glaube, wir hätten keine Schweinsbratwürste grillen sollen. Soviel ich weiß, dürfen sie doch kein Schweinefleisch essen."
„Du hast Recht. Daran hab ich nicht gedacht", sagt Papa. „Aber an ihrem Brot haben sie auch nur ein bisschen geknabbert. Und das war ja nun wirk-
15 lich nicht aus Schweinefleisch."
„Das war ihnen bestimmt zu dunkel", sagt Steffi. „Aischa bringt immer nur so ein ganz dünnes weißes Brot mit für die Pause."
„Ach, sie mögen nur Weißbrot!", sagt Papa. „Na, siehst du, hab ich ja gesagt: Die sind einfach verwöhnt." […]

Picknick auf der Wiese

Am Sonntag darauf ist Steffi bei Aischas Familie eingeladen. Als sie dort ankommt, stellt Aischa ihr erst mal die ganze Familie vor: „Das ist mein Vater, meine Mutter, die kennst du schon, meine Oma, das ist Jussuf …"
„Jaja, den kenn ich auch schon", sagt Steffi und gibt ihm zögernd die Hand.
5 „Das ist kleine Schwester Fatima und große Schwester Leila", sagt Aischa. „Jetzt kennst du alle."
„Seid ihr aber viele!", sagt Steffi. „Gut, dass ihr so einen großen Tisch habt. Unserer ist viel kleiner. Wir sind ja auch nur drei."
Wenn Steffi sich jetzt vorstellt, dass sich die große Familie an den großen
10 Küchentisch setzt und anfängt zu essen, hat sie sich getäuscht. Denn erst mal machen sich alle auf den Weg. „Wir essen draußen", sagt Aischa als Erklärung.

Alle gehen zu einer Wiese zwischen den zwei Brücken am, Fluss. Steffi muss sich erst daran gewöhnen, dass es keinen Tisch gibt. Aber gemütlich ist es
15 schon, auf einer Wiese zu essen.
Steffi ist der Gast. Sie darf sich von allem als Erste nehmen. Dann werden die Männer bedient, zuletzt kommen die Mädchen an die Reihe. Steffi kriegt als Einzige Orangensaft eingeschenkt, die anderen Mädchen trinken Wasser. Nach dem Nachtisch, der klebrig ist und süß, dürfen Aischa und Fatima mit
20 Steffi spazieren gehen.
„Aber nur auf der Wiese, wo man euch sehen kann", ruft Jussuf ihnen nach. Als sie so weit weg sind, dass Jussuf sie nicht mehr hört, sagt Steffi: „Dein Bruder spielt sich ganz schön auf! Das mit den Männern und Frauen bei euch finde ich sowieso doof …" Aischa guckt erstaunt. „Was ist doof?", fragt sie.
25 „Bei euch kriegen die Männer immer zuerst", erklärt Steffi. „Ist doch gut in unserer Familie", sagt Aischa. „Sind nur zwei Männer. Bleibt viel übrig. Im Libanon meine Tante hat fünf Söhne und zwei Töchter. Wenn da die sechs Männer gekriegt haben, bleibt für die Mädchen immer nur ein kleiner Rest."
„Und das lassen die sich gefallen?", fragt Steffi. Aischa zuckt nur mit den
30 Schultern. „Ist eben so", sagt sie.
„Das ist ungerecht", sagt Steffi. „Bei uns werden immer zuerst die Frauen bedient."
„Aha. Und das ist gerecht? Ich verstehe", sagt Aischa und lacht.
Da muss auch Steffi kichern.

Paul Maar[1]

---

1. Erklärt, welche Regeln in Steffis und Aischas Familie gelten. Arbeitet Gemeinsamkeiten und Unterschiede heraus.
2. Findet anhand des Fotos heraus, was es bei Aischa zu essen gibt. Lest hierzu auch die Seite 167 (Fladenbrot auf Arabisch: خبز).
3. Erkundigt euch, warum Muslime (und Juden) kein Schweinefleisch essen (siehe auch Seite 123 in diesem Buch).
🦉 Warum ist Yusuf mitgekommen, obwohl er nicht eingeladen wurde?

Brauchen wir Werte und Normen?

Das gefällt mir gar nicht

David und Lasse sind am Morgen schon 30 Minuten früher in die Schule gekommen. Sie schleichen sich in den Klassenraum, und David steigt auf den Stuhl. Er will die Liste mit den Klassenregeln herunternehmen. Plötzlich geht die Tür auf und der Hausmeister kommt herein. „Was macht ihr beiden denn
5 schon hier?", fragt er aufgeregt und schaut auf die Liste mit den Regeln. Lasse druckst herum, doch David sagt frei heraus: „Herr Schön, verraten Sie uns nicht. Wir wollen die Klassenregeln herunternehmen."
„Wie kommt ihr denn auf so eine Idee?", will Herr Schön nun wissen.
„Ach, eigentlich ist das nur so ein Experiment", antwortet Lasse. Denn wenn
10 wir die Regeln wegnehmen, dann müssen wir sie auch nicht mehr einhalten!"
„Ja, wollt ihr denn, dass jeder in eurer Klasse machen kann, was er will?"
„Das nicht", meint David, der die Liste inzwischen abgenommen hat. „Aber, dass wir im Unterricht ruhig sein sollen, gefällt mir ganz und gar nicht."
„Das ist ja interessant", meint Herr Schön und lächelt. „Dir gefällt etwas nicht
15 und deshalb sollen alle anderen machen, was du willst? Das wäre ja das Gleiche, wenn ich jetzt sagen würde, ich repariere eure Heizung nicht, nur weil ich mir dabei die Finger schmutzig mache. Dann müsstet ihr heute Morgen im Kalten lernen."

Barbara Brüning

1: Das Wort „Norm" kommt von dem lateinischen *norma*. Die Norma war für einen römischen Baumeister die Richtschnur für den Entwurf eines Bauwerkes. Heute sind Normen allgemeine Vorschriften in verschiedenen Lebensbereichen.

Was sind Werte und Normen?[1]

Regeln sind Vorschriften für gutes Handeln (siehe vorherige Seite). Sie heißen auch „Gebote" oder „Normen". Vorschriften sagen den Mitgliedern verschiedener Gemeinschaften, was sie in einer bestimmten Situation machen sollen, zum Beispiel: „Ihr sollt im Unterricht zuhören, wenn jemand spricht." Normen
5 können aber auch Verbote beinhalten: „Ihr sollt im Unterricht nicht sprechen, wenn ihr nicht gefragt werdet."

Für das Zusammenleben in Gemeinschaften sind neben Normen auch Werte
wichtig. Sie drücken aus, was für einen Menschen oder eine Gruppe von
Menschen wertvoll ist: So können Inlineskates für einen Jugendlichen besonders wertvoll sein, für einen anderen sind es Computerspiele.

Die Ethik beschäftigt sich mit verschiedenen Gruppen von Werten. So gibt es
beispielsweise die Gruppe der sozialen Werte wie „Hilfsbereitschaft", die
Gruppe der geistigen Werte wie „klug sein", die Gruppe religiöser Werte wie
„Glauben" oder die Gruppe materieller Werte wie „Kleidung".

Verschiedene Werte aus unterschiedlichen Gruppen bringen Menschen immer
wieder dazu, neu zu entscheiden, welche Werte sie ihrem Handeln in einem
konkreten Fall zugrunde legen wollen. Manchmal entstehen dabei Konflikte:
„Was mache ich mit meinem Taschengeld? Für ein neues Fahrrad sparen?
Oder will ich doch lieber viel Zeit mit meinen Freunden verbringen und mein
Taschengeld fürs Kino ausgeben? Was ist mir wichtiger?"

Das Werte-Spiel

Ihr schreibt je drei Werte aus den verschiedenen Werte-Gruppen auf kleine
Kärtchen. Danach bildet ihr Arbeitsgruppen mit vier bis sechs Mitspielern.
Die Kärtchen werden auf einen Stapel gelegt, so dass ihr nicht seht, was
darauf steht.

1. Runde: Ein Spieler oder eine Spielerin zieht ein Kärtchen und liest den
Wert vor. Anschließend begründet er oder sie, warum der Wert wichtig oder
unwichtig ist. Danach wird das Kärtchen abgelegt. Wer keine Begründung
geben kann, legt das Kärtchen wieder unter den Stapel. Ihr entscheidet darüber
gemeinsam in der Gruppe. Gewonnen hat in der Runde, wer die meisten
Kärtchen erklären konnte.

2. Runde: Ihr zieht jetzt zwei Kärtchen auf einmal und deckt sie auf. Danach
sagt ihr, ob und warum die Werte auf den Kärtchen zusammenpassen oder
ob sie sich widersprechen. Wenn ihr eure Entscheidung gut begründet habt,
legt ihr die Kärtchen ab. Wer keine gute Begründung geben kann, legt die
Kärtchen wieder unter den Stapel. Ihr entscheidet darüber gemeinsam in der
Gruppe. Gewonnen hat in der Runde, wer die meisten Kärtchen sammeln
konnte.

Freiherr von Knigge
(1752–1796) wurde
mit seinem Buch „Über den
Umgang mit Menschen"
berühmt, das auch heute
noch als das große „Benimm-
Buch" angesehen wird.
Darin stehen Werte und
Normen über den Umgang
mit Freunden, Eltern,
Kindern und Tieren.

1. Welche Werte stehen hinter dem Verhalten von Lasse, David und dem
Hausmeister? Schreibt sie in euer Heft und vergleicht sie anschließend.
2. Wer legt in eurer Klasse die Normen fest und wer prüft, ob sie immer
eingehalten werden?
🦉 Warum ist es wichtig, dass in Gemeinschaften bestimmte Normen gelten?
Erklärt es an einem Beispiel.

Philosophisches Forum:
Nähe oder Distanz?

> Pippi Langstrumpf ist cool. Sie lebt allein, ohne Eltern, und braucht die Erwachsenen nicht. Sie geht in die Schule, wann sie will und zum Spielen hat sie Annika und Thomas. Und wenn sie keine Lust hat, mit ihnen zu spielen, macht sie einfach die Tür zu und ist allein zu Hause, mit ihrem Pferd und dem Affen, Herrn Nilsson.
>
> Joscha

1: Arthur Schopenhauer (1788–1860) war ein deutscher Philosoph. Er hat sich vor allem mit der Frage beschäftigt, wie Mitleid dazu beiträgt, anderen Menschen zu helfen und moralisch gut zu handeln.

Die Stachelschweine

Eine Gesellschaft Stachelschweine drängte sich an einem kalten Wintertag recht nahe zusammen, um sich durch die gegenseitige Wärme vor dem Erfrieren zu schützen. Jedoch bald empfanden sie die gegenseitigen Stacheln, welches sie dann wieder voneinander entfernte. Wenn nun das Bedürfnis
5 der Erwärmung sie wieder näher zusammenbrachte, wiederholte sich jenes zweite Übel, so dass sie zwischen beiden Leiden hin und her geworfen wurden, bis sie eine mäßige Entfernung voneinander herausgefunden hatten, in der sie es am besten aushalten konnten.
Arthur Schopenhauer[1]

Unsere Stacheln werden stumpf, wenn wir mehr übereinander wissen.

Pippi Langstrumpf tut mir leid. Sie hat keine Eltern, die für sie sorgen und sie trösten, wenn sie mal traurig ist. Wenn Pippi krank ist, hält niemand ihre Hand und auch sonst ist es ziemlich langweilig ohne Eltern und Geschwister. Bei uns in der Familie ist immer etwas los; wir sind sehr eng zusammen.

Cara

Astrid Lindgren
(1907-2002) war eine schwedische Kinderbuchautorin. Zu ihren berühmtesten Büchern gehört „Pippi Langstrumpf".

Vertrauen und Nähe

Eltern und Kinder haben sehr enge Beziehungen. […] Sie erfahren Tag für Tag und Jahr für Jahr, wie eng ihr Leben verflochten ist. Ihre Handlungen und Schicksale haben großen Einfluss auf das Leben der anderen Familienmitglieder. Die lange Abhängigkeit der Kinder von elterlicher Hilfe und
5 Führung bedingt ein Zusammengehörigkeitsgefühl, das durch keine andere Beziehung erreicht wird.

Ein Kind entdeckt schon sehr früh, dass sein Glück und die Freiheit des Geistes vom Vertrauen zu den Eltern abhängen. Es lernt, dass es sich auf seine Eltern verlassen kann, die seine Bedürfnisse nach Nahrung, Kleidung,
10 Spielzeug, Freizeitgestaltung, Information, Bildung und Trost befriedigen.
Konstantin Kolenda *(siehe Seite 29)*

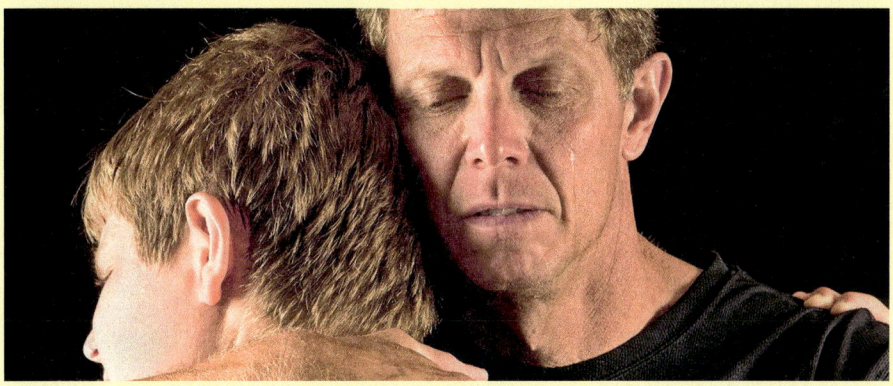

1. Wie schätzt ihr Pippi Langstrumpfs Verhältnis zu anderen Menschen ein? Bewertet ihr es eher wie Joscha oder wie Cara? Begründet eure Meinung.
2. Erklärt anhand der Gedanken von Arthur Schopenhauer und Konstantin Kolenda, wie Nähe und Distanz im Zusammenleben mit anderen Menschen funktionieren. Berücksichtigt dabei auch die Sprechblase des Stachelschweins.
🦉 Schreibt eine Geschichte, in der sowohl Nähe als auch Distanz eine Rolle spielen. Lest eure Geschichten gegenseitig vor.

Der besondere Text:
„Nicht normal", doch ziemlich nette Grübchen

„Niemand darf wegen
seiner Behinderung
benachteiligt werden."
*Artikel 3, Absatz 3
des Grundgesetzes
(siehe Seite 76)*

Melody

Ich kann nicht sprechen. Ich kann nicht laufen. Ich kann nicht alleine essen
oder aufs Klo gehen. Pech gehabt. Meine Arme und Hände sind ziemlich steif,
aber ich kann die Knöpfe auf der Fernbedienung für den Fernseher drücken
und meine Rollstuhl mithilfe von Griffen an den Rädern fortbewegen. Ich
5 kann keinen Löffel und keinen Stift festhalten, ohne ihn fallen zu lassen.
Und mein Gleichgewichtssinn ist gleich null – der Zappelphilipp hatte mehr
Kontrolle über sich als ich. Wenn die Leute mich anschauen, sehen sie wahrscheinlich ein Mädchen mit kurzem, lockigem Haar, das in einem pinken Rollstuhl festgeschnallt ist. Übrigens hat ein pinker Rollstuhl nichts Niedliches
10 an sich. Pink ändert gar nichts. Sie sehen ein Mädchen mit dunkelbraunen
Augen, die voller Neugier sind. Allerdings schielt eines davon etwas. Ihr
Kopf wackelt ein bisschen. Manchmal sabbert sie. Sie ist ziemlich klein für
ein Mädchen von zehn und dreiviertel Jahren. Wenn die Leute fertig sind,
eine Liste mit meinen Problemen zu erstellen, nehmen sie sich vielleicht die
15 Zeit, um zu bemerken, dass ich ein ziemlich nettes Lächeln habe und tiefe
Grübchen – ich finde meine Grübchen cool. Ich trage winzige kleine goldene
Ohrringe. Manchmal fragen die Leute nicht einmal nach meinem Namen, als
wäre es nicht wichtig oder so. Es ist wichtig. Ich heiße Melody.

1: Sharon Draper
(geb. 1948) ist eine
amerikanische Kinderbuch-
autorin. 1997 wurde sie von
Schülerinnen und Schülern
in den USA zur „Lehrerin des
Jahres" gewählt.

Vor ein paar Wochen hat die fünfte Klasse begonnen und zwei coole Sachen
20 sind passiert. Na ja, […] ich habe einen elektrischen Rollstuhl gekriegt und
in unserer Schule gibt es jetzt sogenannte „Integrationsklassen". Ich fand das
witzig. Ich bin noch nie in etwas integriert gewesen. Aber diese Klassen sollen
Kindern wie mir die Gelegenheit geben, mit Kindern, die als „normal" gelten,
in Kontakt zu treten. Was ist normal? Na eben! […] Vor lauter Aufregung
25 zuckte ich unkontrolliert. Als die Hilfskräfte uns den Gang hinunter ins
Musikzimmer begleiteten, fragte ich mich, ob ich neben einem „normalen"
Kind sitzen durfte.
Sharon Draper[1]

Wissen und Merken: Was ist eine Behinderung?

Was eine Behinderung ist, wird in der Behindertenrechtskonvention der Vereinten Nationen erklärt. Behinderte sind Menschen mit langfristigen körperlichen, seelischen oder geistigen Beeinträchtigungen, durch die sie nicht in vollem Maße am Gemeinschaftsleben teilnehmen können. Lang-
5 fristig sind Beeinträchtigungen, die länger als sechs Monate anhalten. Dabei ist es unwichtig, ob die Beeinträchtigungen von Geburt an oder zum Beispiel durch einen Unfall hervorgerufen worden sind.

Im Jahr 2015 lebten in Deutschland 7,6 Millionen Menschen mit einer schweren Behinderung.

Fünf Mal Gold für Anna

„Ein geistig und körperlich behindertes Kind hat das Recht auf ein erfülltes Leben […] und die aktive Teilnahme am Gemeinschaftsleben."
Artikel 23 der Kinderrechtskonvention (siehe auch die Seiten 76 und 83).

Anna Schaffelhuber wurde 1993 in Regensburg geboren. Sie ist von der Hüfte abwärts gelähmt und bewegt sich seit langer Zeit im Rollstuhl. Dennoch hat sie bereits als Kind angefangen, Sport zu treiben. Sie spielte Basketball und ging schwimmen. Am meisten Spaß hatte sie jedoch beim
5 Monoski-Bobfahren. Ein Monoski ist ein breiter Ski, auf dem beide Beine nebeneinander angeschnallt sind. Für behinderte Sportlerinnen und Sportler wie Anna ist darauf ein Sitz angebracht. Anna gehört zum Olympiakader des deutschen Skiverbandes und trainiert täglich mehrere Stunden Abfahrt und Slalom. Ihre Ausdauer hat sich gelohnt: Bei den Paralympischen Spielen
10 für behinderte Menschen im russischen Sotschi gewann sie 2014 fünf Goldmedaillen im Monoskifahren.

1. Tauscht euch darüber aus, was Melody und Anna wichtig ist (seht hierzu auch die Seiten 36/37: „Werte und Normen").
2. Informiert euch über die Möglichkeiten des Behindertensports in Deutschland und die Paralympischen Spiele.
🦉 Warum ist es ganz normal, dass behinderte und nichtbehinderte Kinder zusammen lernen? Begründet euren Standpunkt.

Exklusiv:

„Ist es nicht egal, ob ich laufe oder rolle?"

Luca aus Erfurt hat der Spitzensportlerin Anna Schaffelhuber einige Fragen gestellt.

1. Wollten Sie schon als Kind Spitzensportlerin werden?
Anna: Nein, als jüngeres Kind hatte ich noch nicht den Traum, einmal Spitzensportlerin zu werden. Ich wollte damals immer Lehrerin werden. Der Traum
von den Paralympics hat sich erst entwickelt, als ich 13 Jahre alt war. Bei
5 meinen ersten Rennen merkte ich plötzlich, dass ich im Vergleich zu den
anderen recht schnell und gut war. Ab diesem Zeitpunkt hatte ich dann einen
großen Traum.

*2. Wie haben Sie sich gefühlt, nachdem Sie fünf Goldmedaillen gewonnen
hatten?*
10 *Anna:* Eine Goldmedaille zu gewinnen – das war mein absoluter Traum! Es
fünfmal zu schaffen, war Wahnsinn und unglaublich. Am Anfang hatte ich es
noch gar nicht richtig begriffen, was ich da geschafft hatte und was das für
mich bedeutete. Es fühlte sich an wie in einem Film. Und dieses Gefühl von
der letzten Siegerehrung – wenn die deutsche Fahne hochgezogen wird und
15 du die Hymne hörst –das werde ich nie wieder vergessen.

*3. Trainieren Sie anders als Sportlerinnen und
Sportler, die nicht im Rollstuhl sitzen?*
Anna: Der Großteil meines Trainings ist gleich.
Ausdauer- und Krafttrainings absolviere ich
20 genauso hart und häufig wie alle anderen Sportlerinnen und Sportler. Der einzige Unterschied
besteht wohl darin, dass ich den Schwerpunkt
viel mehr auf den Oberkörper und die Arm- und
Bauchmuskulatur lege. Aber auf dem Schnee ist
25 wieder alles gleich.

*4. Auf welche Probleme stoßen Sie als Rollstuhl-
fahrerin im Alltagsleben?*
Anna: Im Alltag habe ich nicht das eine große
Problem. Es sind eher kleinere Probleme wie zum
30 Beispiel die Stufen vor dem Bäcker oder vor dem
Zug. Das nervt einfach etwas. Natürlich kann ich
meistens fragen, aber ich will ja auch unabhängig
sein. Im Großen und Ganzen kann ich aber die
meisten Dinge machen, nur eben auf eine andere

35 Art und Weise. Ich fahre zum Beispiel nicht mit zwei Skiern, sondern mit dem
Monoski (siehe vorherige Seite).

*5. Was wünschen Sie sich für das Zusammenleben von behinderten und nicht-
behinderten Menschen?*
Anna: Ich wünsche mir, dass das Zusammenleben noch natürlicher wird
40 und man sich über einen möglichen Unterschied keine Gedanken macht oder
machen muss. Denn ist es nicht egal, ob ich laufe oder rolle?

Wissen und Merken: Was sind die Paralympics?

Die Paralympics oder Paralympischen Spiele sind olympische Spiele für
behinderte Sportlerinnen und Sportler. Sie fanden zum ersten Mal 1948 für
Rollstuhlfahrer und -fahrerinnen in England statt – das englische Wort
paraplegic heißt auf Deutsch „querschnittsgelähmt". Seit 1992 sind die Para-
5 lympics organisatorisch mit den Olympischen Spielen verbunden und finden
drei Wochen danach am gleichen Ort statt. In den letzten Jahren erhielten die
Paralympischen Spiele mehr und mehr Aufmerksamkeit in den Medien
und wurden zur besten Sendezeit im Fernsehen übertragen – auch dank der
sportlichen Leistungen von Anna Schaffelhuber und anderer Athletinnen
10 und Athleten.

1. Was wünscht ihr euch für das Zusammenleben
von behinderten und nicht behinderten Menschen? Schreibt einen fiktiven Blog oder Brief
an Anna.

🦉 Ist es egal, ob jemand läuft oder rollt? Gestaltet
dazu ein Rollenspiel in kleinen Gruppen.

Jeder ist irgendwo fremd

Der Tag, an dem sich meine Welt veränderte

Ich komme aus einem Land, das um Mitternacht gegründet wurde. Es war kurz nach zwölf Uhr mittags, als ich fast gestorben wäre.

Vor einem Jahr verließ ich mein Zuhause, um in die Schule zu gehen, und kehrte nicht mehr zurück. Ich wurde von einer Taliban-Kugel in den Kopf
5 getroffen und aus Pakistan geflogen, ohne das Bewusstsein wiedererlangt zu haben. Manche Menschen meinen, ich könne nicht mehr zurück in meine Heimat, doch ich glaube tief in meinem Herzen, dass ich zurückkehren werde. Einem Land entrissen zu werden, das man liebt, ist etwas, das ich meinem ärgsten Feind nicht wünsche.

10 Jeden Morgen, wenn ich die Augen öffne, sehne ich mich nach dem vertrauten Anblick, nach meinem alten Zimmer mit meinen Sachen, meinen über den Boden verstreuten Kleidern und meinen Schulpreisen auf dem Regal. Stattdessen lebe ich in einem Land, das, verglichen mit meinem geliebten Pakistan und meinem Heim im Swat-Tal, zeitlich fünf Stunden hinterherhinkt. Anderer-
15 seits hat meine Heimat Jahrhunderte aufzuholen. Hier, in dem Land, in dem ich jetzt lebe, gibt es jeden Komfort, den man sich nur vorstellen kann. Aus jedem Wasserhahn kommt tatsächlich Wasser. Man legt einen Schalter um und hat Licht, zu jeder Tages- und Nachtzeit. Man braucht keine Öllampen mehr. Und niemand muss Gasflaschen vom Basar holen, damit man auf dem
20 Herd kochen kann. Hier ist alles supermodern, es gibt sogar fertiges Essen in Plastikbehältern.

Wenn ich aus dem Fenster schaue, sehe ich Gebäude mit vielen Stockwerken, lange Straßen voller Autos, alle hübsch in der Reihe, saubere grüne Hecken und Rasenstücke sowie ordentliche Bürgersteige, auf denen Leute gehen.

25 Doch kaum schließe ich die Augen, bin ich zurück in meinem Tal, zumindest für einen Augenblick. Ich sehe die hohen, schneebedeckten Bergspitzen, wogende grüne Felder und kühle blaue Flüsse. Und mein Herz lächelt, wenn es die Menschen
30 des Swat erblickt. Mein Geist bringt mich zurück in die Schule, wo ich wieder mit meinen Freunden und Lehrern vereint bin. Ich treffe meine beste Freundin Moniba. Wir sitzen zusammen, plappern und scherzen, als wäre ich nie fort gewesen.

35 Dann fällt es mit wieder ein: Ich bin ja in Birmingham, in England.

Malala Yousafzai

Malala kämpft für Bildung

Malala wurde 1997 in Pakistan geboren. Als sie 11 Jahre alt war, berichtete sie auf einer Webseite der englischen Radio- und Fernsehstation BBC in einem Blog über die Gewalt der Terrororganisation Taliban. Diese hatte einige Gebiete im Swat-Tal erobert und begann damit, Schulen für Mädchen zu zer-
5 stören. Mädchen sollten nicht mehr unverschleiert aus dem Haus gehen, keine Schule besuchen, nicht tanzen und singen und auch keine Bücher mehr lesen. Am 9. Mai 2012 rächten sich die Taliban für Malalas Blog und schossen ihr im Schulbus mehrere Kugeln in Kopf und Hals. Das Mädchen wurde lebensgefährlich verletzt und sofort in einem Militärkrankenhaus in Pakistan
10 operiert. Anschließend wurde sie nach England ausgeflogen und dort weiter behandelt. Da ihr Leben auch heute noch von den Taliban bedroht wird, kann Malala vorerst nicht nach Pakistan zurückkehren. Sie hat einen eigenen Fonds gegründet, den Malala-Fonds, in dem sie Geld für den Bau von Schulen auf der ganzen Welt sammelt. 2014 erhielt sie für ihr Engagement
15 als jüngste Preisträgerin in der Geschichte den Friedensnobelpreis.[1]

1: Der Friedensnobelpreis ist eine Auszeichnung für Menschen, die sich in besonderer Weise für den Frieden in der Welt einsetzen. Gestiftet wurde er von dem schwedischen Erfinder Alfred Nobel.

Wir philosophieren: Der fremde Blick

Der fremde Blick ist eine Methode des Philosophierens. Dabei beurteilst du Verhaltensweisen von einem anderen Standpunkt aus: Du schlüpfst in die Haut einer anderen Person und betrachtest mit deren Augen die Welt. Die fremde Person kann auch ein Tier, eine Pflanze oder ein Außerirdischer sein. Mit dem fremden Blick stellst du dir vor, wie du handeln würdest, wenn du die betreffende Person wärst: *Wenn ich Malala wäre, dann würde ich …*

1. Gebt die Eindrücke von Malala mit eigenen Worten wieder und klärt, was es bedeutet, irgendwo auf der Welt fremd zu sein.

2. Stell dir vor, du würdest wie Malala aus deiner vertrauten Umgebung herausgerissen und müsstest in ein anderes Land fliehen. Wovon würdest du träumen? Schreibe einen Miniaturtext*.

Wissen und Verstehen:
Miteinander

Das weiß ich: Diese Namen und Begriffe kann ich ordnen

Amartya Sen

Konstantin Kolenda

Fremd sein

Familie

Gemeinschaft

Werte und Normen

Wir

Nähe

Malala

Miteinander

Freiheit

Menschen mit Beeinträchtigungen

Ich

Arthur Schopenhauer

Schule

Regeln

Distanz

Nicola Lindner

Bildet kleine Gruppen: Überlegt, wie die Begriffe zusammenhängen und baut dazu ein Begriffsmolekül.*

Darauf kommt es an: Regeln in Gemeinschaften

Menschen leben seit jeher in **Gemeinschaften**. Ebenso wie die einzelnen Menschen in die Gemeinschaften hineinwirken, wirken die Gemeinschaften auf ihre Mitglieder zurück. Gemeinschaften sind beispielsweise Familien, Schulen, Sportvereine, Musikgruppen, Freunde. Dort, wo mehrere Menschen aufeinandertreffen, helfen **Regeln**, das Miteinander zu gestalten. Auch wenn Regeln die Freiheit des Einzelnen einschränken, tragen sie dazu bei, dass jeder sein Leben gestalten kann.

Das Zusammenleben in Gemeinschaften kann manchmal auch schwierig sein. Deswegen empfehlen Philosophen wie Arthur Schopenhauer **Distanz**, während andere wie Konstantin Kolenda die **Nähe** zwischen Eltern und Kindern betonen.

Zusammenleben in der Gemeinschaft schließt auch das **Miteinander zwischen behinderten und nicht behinderten Menschen** ein.

Das kann ich: Ein Ich-Porträt gegen Stacheln entwerfen

Auf Seite 38 sagt ein Stachelschwein, dass wir mehr übereinander wissen sollten, damit die Stacheln stumpf werden, so dass Nähe statt Distanz entsteht. Ihr könnt selbst ausprobieren, ob und wie das funktioniert.

1. Ihr nehmt ein DIN A4-Blatt und teilt es in etwa drei Teile ein. Danach holt ihr euren Kinderausweis und legt ihn daneben. Euren Namen notiert ihr nicht auf dem Blatt.
2. Nun schreibt ihr als Überschrift im ersten Teil: *Wie ich aussehe …* und übernehmt die Informationen aus eurem Kinderpass.
3. Im zweiten Teil formuliert ihr die Überschrift: *Was mir wichtig ist …* Hier notiert ihr Werte und Normen, die aus eurer Sicht für das Zusammenleben in Gemeinschaften unbedingt gelten sollen; zum Beispiel: Menschen sollen immer die Wahrheit sagen.
4. Im dritten Teil formuliert ihr Verhaltensweisen, die euch nicht gefallen, unter der Überschrift: *Was ich gar nicht mag …*; zum Beispiel: Geheimnisse weitererzählen.
5. Legt nun eure Ich-Porträts in einen Kreis und erratet, wer hinter den Porträts steckt. Diskutiert darüber, ob insbesondere die Punkte 2 und 3 dazu beitragen, Stacheln stumpf werden zu lassen.

Wie ich aussehe …   Was mir wichtig ist …   Was ich gar nicht mag …

Kapitel 3:
Freundschaft und Liebe

Es gibt nichts Schöneres auf der Welt als Freundschaft und Liebe.
Nach Michel de Montaigne

Was macht eine gute Freundschaft aus? Bearbeitet den Fragebogen und
deutet die Bilder.

Fragebogen zur Freundschaft

1. Hältst du dich für einen guten Freund?

2. Was würdest du einem Freund nie verzeihen:
a) dass er Freunde hat, die du nicht magst?
b) dass er Geheimnisse nicht für sich behalten kann?

3. Möchtest du manchmal ohne Freunde sein?

4. Hältst du dir ein Tier als Freund?

5. Ist es dir wichtig, dass Freunde über dasselbe lachen können?

6. Was ist dir bei einer Freundschaft besonders wichtig:
a) dass dir der Freund auch mal die Wahrheit sagt?
b) dass dein Freund meistens mit dir einer Meinung ist?
c) dass du deinem Freund voll vertrauen kannst?
d) dass er dir in der Not hilft?

Nach **Max Frisch**, *Schweizer Schriftsteller*

In diesem Kapitel lernst du
– die Begriffe „Freundschaft"
  und „Liebe" zu klären
– Merkmale von Freundschaft
  und Liebe zu verstehen
– über vollkommene Freundschaften nachzudenken

Dabei nutzt du
– Projekte, zum Beispiel zu
  Freundschaftsplakaten
– die Methode des Begriffs-
  kreises
– Kenntnisse aus dem Bereich
  der Medien

Du beurteilst und bewertest
– Eigenschaften von Freunden
– Freundschaften zwischen
  Jungen und Mädchen
– digitale Freundschaften

Der besondere Text:
Freunde finden

Was heißt „zähmen"?

1: Antoine de Saint-Exupéry (1900–1944) war ein französischer Schriftsteller und Pilot. Sein Buch „Der kleine Prinz" gehört zu den erfolgreichsten Büchern der Welt.

„Guten Tag", sagte der Fuchs.

„Guten Tag", antwortete höflich der kleine Prinz, der sich umdrehte, aber nichts sah.

„Ich bin da", sagte die Stimme, „unter dem Apfelbaum …"

5 „Wer bist du?", sagte der kleine Prinz. „Du bist sehr hübsch …"

„Ich bin ein Fuchs", sagte der Fuchs.

„Komm und spiel mit mir", schlug ihm der kleine Prinz vor. „Ich bin so traurig …"

„Ich kann nicht mit dir spielen", sagte der Fuchs. „Ich bin noch nicht gezähmt!"

„Ah! Verzeihung!", sagte der kleine Prinz.

10 […]

„Was bedeutet ‚zähmen'?"

„Du bist nicht von hier", sagte der Fuchs, „was suchst du?"

„Ich suche die Menschen", sagte der kleine Prinz. „Was bedeutet ‚zähmen'?"

„Die Menschen", sagte der Fuchs, „die haben Gewehre und schießen. Das ist

15 sehr lästig. Sie ziehen auch Hühner auf. Das ist ihr einziges Interesse. Du suchst Hühner?"

„Nein", sagte der kleine Prinz. „ich suche Freunde. Was heißt ‚zähmen'?"

„Zähmen, das ist eine in Vergessenheit geratene Sache", sagte der Fuchs. „Es bedeutet sich ‚vertraut machen'."

20 „Vertraut machen?"

„Gewiss", sagte der Fuchs. „Noch bist du für mich nichts als ein kleiner Junge, der hunderttausend kleinen Jungen gleicht. Ich brauche dich nicht, und du brauchst mich ebenso wenig. Ich bin für dich ein Fuchs, der hunderttausend Füchsen gleicht. Aber wenn du mich zähmst, werden wir einander brauchen.

25 Du wirst für mich einzig sein in der Welt. Ich werde für dich einzig sein in der Welt […]."

Antoine de Saint-Exupéry[1]

Wissen und Merken: Woher kommt das Wort „Freundschaft"?

1: Gemeint ist hier die europäische Sprachfamilie.

In dem Begriff „Freund" finden wir die althochdeutsche Wurzel „friunt". Sie bedeutet so viel wie „Friede" oder „frei". Gleichzeitig trägt „Freund" auch die indogermanische Silbe[1] „fri" in sich, mit der die Tätigkeit des „Liebens" bzw. „Hegens" gemeint ist. Dahinter stehen zwei wichtige Elemente jeder

5 Freundschaft: Unsere Freunde wählen wir „frei"-willig aus, und Freundschaft ist eine liebevolle Verbindung zwischen mindestens zwei Menschen.

Nach **Ina Schmidt**, *deutsche Philosophin*

Eigenschaften von Freunden

Worauf beruht eine Freundschaft? Hierfür ist nicht die Übereinstimmung des Denkens erforderlich. Im Gegenteil: die Verschiedenheit macht eine Freundschaft aus. Denn da ersetzt der eine das, was dem anderen fehlt; aber in einem Stücke müssen sie übereinkommen. Sie müssen gleiche morali-

5 sche Werte* und Normen* haben, dann können sie sich komplett verstehen. […] Jeder suche, dass er würdig sei, ein Freund zu sein. Dies kann er durch Offenheit und Vertrauenswürdigkeit unter Beweis stellen. Weitere wichtige Merkmale von Freundschaft sind Verhaltensweisen, die von Bosheit und Falschheit frei, aber mit Liebenswürdigkeit, Munterkeit und Fröhlichkeit des

10 Gemüts verbunden sind. Hat man sich so würdig gemacht, ein Freund zu sein, so wird sich schon der eine oder andere finden, der an uns einen Geschmack haben und uns zum Freunde wählen wird.

Nach **Immanuel Kant** [1]

1: **Immanuel Kant** (siehe Seite 20) war ein deutscher Philosoph. Er lud sich gern Freunde zum Essen ein. Wer jedoch nicht pünktlich kam, durfte nicht am Tisch sitzen.

Wir philosophieren: Einen Begriffskreis erstellen

1. Schritt › Erstellt einen Begriffskreis und verdeutlicht, wodurch sich eine Freundschaft auszeichnet: Ihr schreibt oben auf ein großes Blatt zunächst den Hauptbegriff „Freundschaft".

2. Schritt › Sucht nach Begriffen, durch die ihr Freundschaft näher beschreiben könnt: Als Hilfestellung übernehmt ihr zunächst die Begriffe von Immanuel Kant aus dem Text und scheibt sie oben auf dem Blatt hintereinander auf. Überlegt euch anschließend, durch welche Begriffe ihr sie ergänzen wollt.

Vertrauen

3. Schritt › Zeichnet zwei konzentrische Kreise [2] auf das große Blatt: In den Innenkreis, den Begriffskern, schreibt ihr diejenigen Begriffe, die ganz wichtig für eine Freundschaft sind. In den Außenkreis, den Begriffsumfang, übernehmt ihr die Begriffe, die auch zur Freundschaft gehören, aber nicht ganz so wichtig sind.

2: Gemeint sind Kreise, die einen gemeinsamen Mittelpunkt haben.

1. Berichtet anhand der Geschichte über den kleinen Prinzen, wie ihr Freunde finden könnt.
2. Deutet den Gedanken: Zähmen heißt, sich miteinander vertraut zu machen.
3. Stellt eure Begriffskreise zur Freundschaft vor. Arbeitet heraus, inwieweit ihr Kants Freundschaftsbegriff ergänzt habt.

4. **Projektvorschlag:** Erstellt ein Plakat mit dem Titel „Meine Freunde und ich". Übernehmt darauf auch einige der Gedanken vom kleinen Prinzen.
   🦉 Kann ich jemanden als „meinen Freund" oder „meine Freundin" bezeichnen, ohne ihm oder ihr zu vertrauen? Begründet eure Antwort.

Philosophisches Forum:
Können Jungen und Mädchen Freunde sein?

Mit Mädchen kann man gar nicht richtig spielen!

Die interessieren sich nur für Klamotten!

Die schauen zu oft in den Spiegel!

Die heulen immer gleich!

Hast Du Lust, mit mir ein Baumhaus zu bauen?

1: Simone de Beauvoir (1908–1986) war eine französische Philosophin und Schriftstellerin. Sie hat sich insbesondere mit den Unterschieden zwischen Männern und Frauen beschäftigt, aber auch über das Älterwerden und den Tod nachgedacht

Jungen und Mädchen werden unterschiedlich erzogen

Die Philosophin Simone de Beauvoir hat vor 50 Jahren ein Buch über Frauen geschrieben „Das andere Geschlecht". Darin sagt sie, dass zwischen Mädchen und Jungen große Unterschiede bestehen, die eine Freundschaft erschweren.

Kleine Mädchen werden gestreichelt. Sie tragen schöne Kleider, dürfen weinen und schlechte Laune haben. Sie dürfen Gefühle zeigen und traurig sein, wenn ihnen danach ist.

Jungen dagegen werden nicht herausgeputzt. Man sagt zu ihnen: „Ein Junge
5 will nicht geküsst sein [...]. Ein Junge sieht nicht in den Spiegel. Ein Junge weint nicht! Ein Junge soll von Geburt an ein kleiner Mann sein!"

Nach **Simone de Beauvoir**[1]

Jungen und Mädchen können auf gleicher Wellenlänge schwimmen

Auf gleicher Wellenlänge zu schwimmen heißt, dass Jungen und Mädchen als Freunde einander so akzeptieren, wie sie sind und ein Zusammengehörig-keitsgefühl entwickeln. Dadurch bringen sie den Wunsch zum Ausdruck, sich zu vertrauen, sich zu verstehen und sich zu helfen. Es kommt nicht darauf
5 an, dass man immer gleiche Interessen hat, sondern dass man einander Ge-heimnisse anvertrauen kann, die selbst Eltern und Geschwister nicht kennen. Wie intensiv eine Freundschaft ist, wird unter anderem daran gemessen, in welchem Umfang sich zwei Menschen geheime Gefühle und Gedanken anver-trauen. Es fühlt sich gut an, von jemandem total verstanden zu werden.

Konstantin Kolenda, *amerikanischer Philosoph*

Einzelheiten zu dem Autor findest du auf Seite 29.

1. Was würdet ihr den Mädchen und Jungen aus den beiden Gruppen auf ihre Sprüche antworten? Schreibt es in euer Heft.

2. Bewertet die Einschätzungen von Simone de Beauvoir und Konstantin Kolenda. Treffen sie auch auf euch zu? Begründet eure Standpunkte.

🦉 Ist eine Freundschaft zwischen Mädchen und Jungen etwas Besonderes? Tauscht euch darüber in gemischten Mädchen- und Jungenpaaren aus.

Gibt es Freundschaft im Netz?

Freundschaft mit Snapchat

Clara und Sophie nutzen soziale Netzwerke, um sich mit ihren Freunden aus-
zutauschen. Irgendwann sind sie auf einen neuen Instant Messaging-Dienst
gestoßen und haben sich die App heruntergeladen. Hier sind sie täglich online
und senden sich gegenseitig Fotos und Videos. Sie kommentieren ihre Posts
5 und chatten über Schule, Freunde und Familien. Clara und Sophie haben sich
noch nie persönlich getroffen oder jemals zusammen Musik gehört oder
zusammen gekocht und gegessen. Die beiden haben sich lediglich online getroffen und angefreundet. Clara wohnt in Hannover und Sophie kommt aus
Freiburg. Die beiden Mädchen sind ungefähr 500 Kilometer voneinander
10 entfernt.

🦉 Digitale Freunde?

Den Freund, dem ich Briefe schreibe, wird es wohl irgendwo tatsächlich geben, und in den meisten Fällen ist er mir auch vor meinem Briefwechsel bereits begegnet. Das, was die Gänsefeder oder das Briefpapier so wichtig werden lässt, ist also das Gefühl, darüber eine Beziehung aufrechterhalten zu können,
5 die es ohnehin gibt. Auch diese Möglichkeit bietet sich natürlich im Internet, und es gibt unzählige Freundschaften, die ohne Kontakt bei Facebook vielleicht eingeschlafen wären. [...]

Darüber hinaus gibt es aber auch die neue Möglichkeit, direkt im Netz Ver-
10 bindungen zu knüpfen. Das wäre ungefähr so, als würden wir per Flaschenpost einen Brieffreund suchen und davon ausgehen, dass daraus eine wirkliche Freundschaft entsteht. Das mag merkwürdig erscheinen, aber wenn wir uns klarmachen, wie wenig wir oftmals über unser virtuelles Gegenüber[1] wissen, dann ist ein solcher Austausch weit von dem entfernt, was vor 2500 Jahren
15 von dem Philosophen Aristoteles[2] als Freundschaftsmerkmal der „Seelen-verwandtschaft" gedacht wurde. Dies bedeutet nicht, dass ein solcher Austausch nicht gut tun, hilfreich sein oder einen Zweck erfüllen kann. Er trägt aber lediglich dazu bei, einen Nutzen zu bedienen und keine Freundschaft im eigentlichen Sinne zu beginnen. Das eine vom anderen zu unterscheiden,
20 das ist die eigentliche Herausforderung im Umgang mit einer digitalen Welt[3].
Nach **Ina Schmidt**[4]

1: Künstliches Gegenüber aus dem Internet

2: Seite 75

3: Zur digitalen Welt siehe auch die Seiten 170–181.

4: Ina Schmidt (geb. 1973) ist eine deutsche Philosophin. Sie schreibt Bücher und hält auch Vorträge, um möglichst viele Menschen mit Themen der Philosophie bekannt zu machen.

Wissen und Merken: „Vollkommene Freundschaft"

Der griechische Philosoph Aristoteles (siehe Seite 75) meinte, dass vollkommene Freundschaft auf einer Art Seelenverwandtschaft beruht:

Solche Freundschaft ist natürlich selten, denn Menschen dieser Art gibt es nur wenige. Ferner braucht sie auch Zeit und gegenseitiges Vertraut-werden. [...] Auch kann man sich erst dann gegenseitig anerkennen und Freund sein, wenn sich einer dem anderen als liebenswert erwiesen hat und das Vertrauen befestigt ist.

1. Sind Clara und Sophie richtige Freunde? Erarbeite dazu eine Standpunktrede (siehe Seite 139).
2. Was würde Ina Schmidt zu ihrer Beziehung sagen? Sucht Argumente aus dem Text und führt anschließend eine Pro- und Kontra-Diskussion (seht nach auf Seite 91).
3. Was meint Aristoteles damit, dass vollkommene Freundschaften Zeit brauchen? Sprecht darüber in der Ethik-Gruppe.
🦉 Überlege, wodurch sich deine Freundschaften auszeichnen und ob du ähnliche Erfahrungen wie Clara und Sophie gemacht hast. Schreibe hierzu eine E-Mail oder einen Brief an die beiden.

Lieben heißt füreinander da sein

1: Marc Chagall (1887–1985) war ein russisch-jüdischer Künstler, der viele Bilder zum Thema „Liebe" gemalt hat.

Marc Chagall[1]: Über der Stadt, 1914–18

Geheime Liebe

Die 12-jährige Schülerin Celina hat zu ihrem Geburtstag ein neues Smartphone bekommen und gleich angefangen, mehrere Fotos von sich und ihrer Umgebung zu machen. Da sie auf ihrem Smartphone eine neue Funktion heruntergeladen hat, kann sie nun auch Foto-Collagen erstellen. Celina ist
5 seit mehreren Wochen in Tom aus ihrem Fußballverein verliebt, aber er kennt sie nicht einmal, da er nicht in ihre Schule geht und nicht parallel zu ihr trainiert.

Um weiter von ihm träumen zu können, erstellt Celina eine Collage aus Bildern mit ihm zusammen, die aus Toms öffentlichem Profil in einem sozialen Netz-
10 werk stammen. Mal schweben die beiden über der Stadt, mal sitzen sie zusammen im Kino oder sprechen lächelnd im Fußballverein miteinander. Celina ist stolz auf ihre Foto-Collage und zeigt sie überall in der Klasse herum. Alle sollen sehen, wie glücklich sie ist.

Ihrer Freundin Mara erzählt sie allerdings, dass Tom noch gar nichts von ihrer
15 Liebe weiß. Mara schüttelt daraufhin den Kopf und sagt zu Celina: „Wie kannst du allen Leuten Collagen mit ihm herumzeigen, wenn er dich noch gar nicht kennt? Du beschwindelst Tom und alle anderen. Pass auf, dass Tom nicht eines Tages sauer auf dich ist!

Was ist Liebe?

Liebst Du mich?

Mit dem Wort „Liebe" wird das schönste Gefühl angesprochen, das Menschen füreinander (Eltern, Kinder, Frau, Freundin, Freund, Mann) oder für eine Sache (Natur, Musik, Hobby) haben. Damit verbunden ist auch immer eine Wertschätzung und liebevolle Zuneigung zu dem, was wir lieben. Wer liebt,
5 ist mit dem ganzen Herzen bei der Sache.

Nach **Michael Wittschier** *

Zeichen der Liebe

Es gibt gewisse Kennzeichen für die Liebe, die kluge Menschen herausfinden können. Das erste davon ist, wenn man das geliebte Wesen ständig anschauen will und versucht herauszubekommen, wie es fühlt und denkt. Das Auge ist die offene Tür der Seele.
5 Weitere Zeichen sind, dass man alles, was das geliebte Wesen erzählt und schreibt, aufsaugen will und ständig in seiner Nähe sein möchte. Man kann auch jemanden lieben, der davon gar nichts weiß. Aber irgendwann muss man ihm zu verstehen geben, dass man ihn liebt. Er muss das lodernde Feuer fühlen, denn sonst erlischt die Liebe.

Nach **Ibn Hazm al-Andalusi** [1]

1: Ibn Hazm al-Andalusi (994–1064) war ein arabischer Philosoph, Arzt und Naturwissenschaftler aus Córdoba. Sein wichtigstes Buch „Das Halsband der Taube" hat er über die Liebe geschrieben (siehe auch Seite 112 über Córdoba).

1. Beschreibt, wie Marc Chagall die Liebenden in seinem Kunstwerk darstellt. Warum schweben sie?

2. Stellt euch vor, ihr wärt Tom. Wie hättet ihr auf Celinas Collage reagiert? Arbeitet dazu nach der Placemat-Methode*.

3. Ist Celina in Tom verliebt? Diskutiert, was Michael Wittschier und Ibn Hazm dazu sagen würden.

4. Wie könnte die „Beziehung" zwischen Celina und Tom weitergehen? Schreibt eine kurze Geschichte dazu.

5. Kann man auch einen Roboter lieben? Gestaltet dazu ein Kugellager (siehe Seite 179).

🦉 Ibn Hazm sagt, dass das Auge „die offene Tür der Seele" ist. Wie versteht ihr diesen Gedanken? Sprecht in der Klasse darüber.

Wissen und Verstehen:
Freundschaft und Liebe

Das weiß ich: Diese Namen und Begriffe kann ich ordnen

Eigenschaften von Freunden

Aristoteles

Geheimnisse

Formen von Freundschaft

Jungen und Mädchen

Ibn Hazm al Andalus

Liebe

Freundschaft und Liebe

Immanuel Kant

Zähmen

Zusammengehörigkeitsgefühl

Michael Wittschier

Simone de Beauvoir

Zeichen der Liebe

Vertrauen

1. Erklärt an einem Beispiel die Gemeinsamkeiten und Unterschiede zwischen Freundschaft und Liebe.

Darauf kommt es an: Merkmale von Freundschaft und Liebe verstehen

Merkmale von Freundschaft sind nach **Immanuel Kant** Offenheit und Vertrauenswürdigkeit sowie gemeinsame ethische Werte und Normen. Dies trifft auch auf eine Freundschaft zwischen Mädchen und Jungen zu. Obwohl beide Geschlechter nach Ansicht von **Simone de Beauvoir** unterschiedlich erzogen werden, können sie nach Meinung von **Konstantin Kolenda** auf gleicher Wellenlänge schwimmen und ein **Gefühl der Zusammengehörigkeit** entwickeln. Bei einer digitalen Freundschaft fehlt nach Ansicht von **Ina Schmidt** der lebendige Kontakt zwischen den Freunden, der die Grundlage einer Freundschaft bildet.

Wer einen anderen Menschen liebt, muss nach Meinung von **Michael Wittschier** mit ganzem Herzen dabei sein. Jemand, der liebt, muss nach **Ibn Hazm** herausfinden, wie der andere denkt und fühlt.

Das kann ich: Ein Zukunfts-Gedankenspiel durchführen

2. Bearbeitet folgendes Gedankenspiel. Die Information zu Gedankenspielen findest du auf der Seite 65. Tauscht euch zunächst zu zweit aus und bearbeitet danach in Einzelarbeit die Aufgabe.

Wir befinden uns im Jahr 2040 und die Smartphones sind nun noch „intelligenter" als heute. Hinzu kommt: Es gibt einen neuen Trend, um Erlebnisse mit Freunden zu teilen: Jeder kann sich bei seinem Mobilanbieter einen Chip implantieren lassen, um Fotos und Videos nicht nur auf das Handy zu bekommen, sondern direkt vor die Linse. Da wir jetzt die Fotos und Videos direkt vor Augen haben können, erfahren wir die Erlebnisse unserer Freunde so, als ob es unsere eigenen wären – das heißt: Sie fühlen sich an, als ob sie wirklich wären. Eine neue Ära der Freundschaft beginnt, oder? Brauchen wir jetzt noch den persönlichen Kontakt zu unseren Freunden?

3. Beantworte die Abschlussfrage im Zukunfts-Gedankenspiel in einem Blog. Zeichne ein Bild aus der Sicht des Jahres 2040 und verdeutliche, wie sich „Freundschaft" im positiven oder negativen Sinne gewandelt hat.

59

Kapitel 4:
Glück und Unglück

Schreibe den Gedanken von der rechten Seite in deinem Heft zu Ende.
Sprecht anschließend über das Verhältnis zwischen Glück und Leid.

Du musst das Glück festhalten, sonst ...

In diesem Kapitel lernst du
- den Unterschied zwischen *glücklich sein* und *Glück haben* kennen
- über Wünsche und Träume nachzudenken
- verschiedene Ansichten über das Glück abzuwägen

Dabei nutzt du
- die Interviewmethode für das Projekt
- die Methode des Gedanken-experiments für die Glücks-maschine
- das Begriffsmolekül* für Glück und Unglück

Du beurteilst und bewertest
- ob man Glück kaufen kann
- erfüllbare und unerfüllbare Wünsche
- eine „Belohnung für gute Schulnoten"
- Glücksträume

Glück haben und glücklich sein

Orientalische Weisheit
Es heißt: „Wenn das Glück
an die Türe klopft, so öffne".
Aber warum sollte man das
Glück an die geschlossene
Tür klopfen lassen?

1: Annemarie Pieper
(geb. 1941) ist eine deutsche
Philosophin. Sie beschäftigt
sich insbesondere mit der
Ethik und Philosophie von
Frauen.

🦉 Zweimal Glück

Wenn jemand aufgrund günstiger Umstände einer Gefahr entgangen ist, oder
wenn einer unversehens in den Besitz von höchst erwünschten Dingen
gelangt, die er normalerweise kaum aus eigener Anstrengung hätte erlangen
können, so sagt man von dem Betreffenden, er habe Glück gehabt. Glück

5 haben bedeutet: Etwas, das Freude, Vergnügen, Lust bereitet, fällt einem unerwartet, unvorhersehbar und ohne eigenes Zutun unverdientermaßen in
den Schoß.

In genau entgegengesetzter Bedeutung ist von Glück die Rede, wenn es heißt:
Jeder ist seines Glückes Schmied, oder wenn man von jemandem sagt, er habe

10 „sein Glück gemacht". Hier meint Glück etwas, […] zu dessen Erreichung ich
sehr wesentlich beitragen kann, indem ich planmäßig all meine Kräfte zur
Verwirklichung des Ziels einsetze, durch das ich mein Glück zu machen hoffe.
[…]

Für die Ethik spielt der Begriff des Glücks […] die Hauptrolle.

15 – Soll der Mensch überhaupt nach Glück streben?
– […] Was ist das Glück des Menschen?
Annemarie Pieper[1]

Wer weiß, ob das ein Unglück ist?
Chinesische Legende

Weisheit aus der Bibel
„Manches Unglück führt einen zum Guten. Und mancher Gewinn führt zum Schaden."
Jesus Sirach *8, 22*

Hoch auf dem Felsen, abgeschieden,
Lebt der Alte und sein Sohn
In stiller Eintracht, wohlzufrieden.
Da lief den beiden das Pferd davon.

5 Der Nachbar, nach geraumer Frist,
Kam, den Verlust mit zu beklagen.
Da hörte er den Alten fragen:
„Wer weiß, ob dies ein Unglück ist?"

Und bald darauf, im nahen Walde
10 Vernahmen sie des Pferdes Tritt:
Das kam und brachte von der Halde
Ein Rudel wilder Rosse mit.

Der Nachbar, schon nach kurzer Frist,
Pries den Gewinn nach Menschenweise.
15 Da lächelte der Alte leise:
„Wer weiß, ob dies ein Glücksfall ist?"

Nun ritt der Sohn die neuen Pferde.
Sie flogen über Stock und Stein,
Ihr Huf berührte kaum die Erde …
20 Da stürzte er und brach ein Bein.

Der Nachbar, nach geraumer Frist,
Kam, um das Leid mit ihm zu tragen.
Da hörte er den Alten fragen:
„Wer weiß, ob dies ein Unglück ist?"

25 Bald dröhnt die Trommel durch die Gassen:
Es ist die Kriegsproklamation.
Ein jeder muss sein Land verlassen.
– Doch nicht des Alten lahmer Sohn.

Mascha Kaleko[1]

1: Mascha Kaleko (1907–1975) arbeitete zunächst in einem Büro, weil ihr Vater nicht wollte, dass sie studiert. Später wurde sie eine berühmte Dichterin, die sich auch mit Philosophie beschäftigte.

1. Arbeitet an Beispielen den Unterschied zwischen Glück haben und glücklich sein heraus. Berücksichtigt auch die Weisheitssprüche.

2. Wie hängen Glück und Unglück zusammen? Erklärt es anhand der chinesischen Legende. Ihr könnt die Originallegende auch im Internet finden und nachlesen: *www.hekaya.de*

3. Baut ein Begriffsmolekül* zu den Begriffen „Glück" und „Unglück" (siehe Seite 186).

4. Projektvorschlag: Gestaltet in Vierergruppen Plakate zu „Jeder ist seines Glückes Schmied" und stellt sie in der Schule aus.

🦉 Antwortet auf eine der von Annemarie Pieper gestellten Fragen im Heft.

Unendlich viele Wünsche?

Der Fischer und seine Frau

Wenn jemand seine Seele vergisst

Viele Menschen verbrauchen ihre Lebenszeit für die „Vollkommenheit des Besitzes, nämlich was der Mensch an Geld, Gewändern, Mobilien […] hat, und dazu gehört auch, dass jemand ein mächtiger König ist." Aber was nützen alle diese Vorzüge, wenn du dabei „deine Seele vergisst"?

Moses Maimonides, *jüdischer Philosoph (siehe auch Seite 113)*

Erfüllbare und unerfüllbare Wünsche

Wenn sich jemand etwas wünscht, dann möchte er eine Sache oder eine Fähigkeit besitzen – zum Beispiel ein neues Haus wie in dem Märchen. Ganz oben auf der Wunschliste steht bei den meisten Menschen der Wunsch nach

Gesundheit und Frieden oder einer intakten Familie und Geld. In der Ethik
wird zwischen erfüllbaren und unerfüllbaren Wünschen unterschieden.
Unerfüllbare Wünsche betreffen zum Beispiel sehr teure Dinge oder Fähigkeiten, die Menschen nie erreichen können – zum Beispiel, mit Flügeln zu
fliegen. Erfüllbare Wünsche sind beispielsweise selbst gesteckte Ziele wie
gute Noten in der Schule.

Die Glücksmaschine

Der amerikanische Philosoph Robert Nozick[1] hat ein Buch über das Glück
geschrieben. Darin schlägt er vor, dass wir in unserem Kopf folgende Situation
durchspielen sollten: Stellt euch vor, ihr könntet euch für einen Tag an eine
Glücksmaschine anschließen lassen, die euch jedes Glückserlebnis, dass ihr
euch schon lange gewünscht habt, ermöglichen würde. Ihr liegt sozusagen in
einem Schwimmbecken und seid über Elektroden mit der Maschine verbunden.
Würdet ihr euch anschließen lassen?

1: Robert Nozick (1938–2002) lehrte Philosophie in den USA. Die Glücksma-schine war ein Gedanken-experiment, das er immer mit seinen Studenten durchspielte, wenn er mit ihnen über Glück und Utopien nachdachte (siehe auch die Seiten 80/81).

Wir philosophieren: Gedankenexperimente durchführen

Die Glücksmaschine ist ein Gedankenexperiment. Ihr wägt in eurem Kopf die
Vor- und Nachteile ab und stellt euch vor, wie das wäre, wenn ihr euch an
die Maschine anschließen lassen würdet.
Gedankenexperimente gibt es in der Philosophie schon seit mehr als 2000
Jahren. Platon[2] war der Erste, der in seinem Buch „Der Staat" einen Schüler
des griechischen Philosophen Sokrates darüber nachdenken ließ, ob jemand,
der unsichtbar sein könnte, trotzdem in jeder Situation ein guter Mensch
bleiben würde?
Bei einem Gedankenexperiment stellt ihr euch eine Frage im Konjunktiv:
Was wäre, wenn Menschen nur noch glücklich wären? Ihr spielt das Für und
Wider in Gedanken durch und entscheidet dann.
Ihr könnt auch die negative Form verwenden: *Was wäre, wenn Menschen
niemals glücklich sein könnten?*

2: Platon (427–347 v. Chr.) war einer der angesehensten Philosophen in Athen. Er hieß eigentlich Aristokles. Sein Gymnastiklehrer, ein Ringkämpfer, benannte ihn jedoch in Platon um. Das Wort heißt „Der Breite". Platon hatte breite Schultern.

1. Gestaltet zu dem Märchen „Der Fischer und seine Frau" ein Rollenspiel.
2. Sprecht darüber, was das Märchen mit dem Thema „Wünsche" zu tun hat. Berücksichtigt dabei auch die Gedanken von Maimonides.
3. Wägt Pro- und Kontra-Argumente für Erlebnisse mit der Glücksmaschine ab.

4. Denkt euch Gedankenexperimente zu veschiedenen Themen dieses Buches aus: zum Beispiel Glück, Freundschaft, Gott oder Natur. Beantwortet die Experimente in kleinen Gruppen.
🦉 Kann man zwischen guten und schlechten Wünschen unterscheiden? Begründet eure Meinung.

Kann man Glück kaufen?

Ich lese, weil es mir Spaß macht!

Der amerikanische Philosoph Michael Sandel[1] hat in seinem Buch „Was man für Geld nicht kaufen kann" die folgende Geschichte erzählt.

1: Michael Sandel (geb. 1953) ist einer der berühmtesten amerikanischen Philosophen. Sein großes Thema ist die Gerechtigkeit. Sandel sagte seinen Studenten: „Menschen sollten nicht nach Geld, sondern nach Charakter beurteilt werden."
Michael Sandel diente auch als Vorbild für die amerikanische Fernsehserie „Die Simpsons" (siehe hierzu auch Seite 178 zum Fernsehen)

„Die Motivation zählt!"

Einer meiner Freunde zahlte seinen kleinen Kindern regelmäßig einen Dollar für jedes schriftliche Dankeschön (gewöhnlich sah man es den Dankesbezeugungen auch an, dass sie nicht ganz freiwillig
5 geschrieben worden waren). Diese Methode mag langfristig wirksam sein oder auch nicht. Es könnte sich herausstellen, dass die Kinder, wenn sie nur oft genug solche Bekundungen geschrieben haben, schließlich lernen, was es damit auf sich hat. Sie würden dann weiterhin ihre Dankbarkeit für Geschenke zum Ausdruck bringen, auch wenn sie nicht mehr
10 dafür bezahlt würden. Es ist aber auch möglich, dass sie die falsche Lektion verinnerlichen und Dankesbezeugungen als Akkordarbeit betrachten – als eine Anstrengung, die man gegen Bezahlung ausführt. [...]
Ein ähnlicher Fall ergibt sich im Fall der Bezahlung für gute Noten. Warum sollte man ein Kind nicht dafür belohnen, wenn es gute Noten bekommt oder
15 ein Buch liest? Schließlich soll das Kind ja dazu motiviert werden, eifrig zu lernen oder zu lesen.

Michael Sandel bewertet diesen Fall so:

Es könnte sich herausstellen, dass der finanzielle Anreiz die [...] Motivation aushöhlt und dazu führt, dass weniger statt mehr gelesen wird. [...]
20 Offensichtlich besteht durchaus die Gefahr, dass die Bezahlung Kinder dazu bringt, das Bücherlesen als eine Art des Geldverdienens anzusehen, und die Liebe zum Lesen um seiner selbst willen verwässert,
25 verdrängt oder korrumpiert[2] wird.

2: bestochen, verdorben

Michael Sandel bezeichnet Belohnungen dieser Art als „erkauftes Glück".

Ich lese, nur, wenn ich eine Belohnung bekomme!

„Das Ergebnis zählt!"

Der englische Philosoph und Wirtschaftswissenschaftler Adam Smith[1] würde dem Mädchen auf dem Bild nicht widersprechen. Er hat in seinem Buch „Der Wohlstand der Nationen" darauf hingewiesen, dass finanzielle Anreize dazu beitragen, dass sich die Menschen anstrengen, ein Ziel zu erreichen. Ob je-
5 mand, dem das Lesen schwerfällt, beispielsweise durch Geld dazu gebracht wird, ein Buch ganz durchzulesen, um sich dadurch Wissen anzueignen, oder ob er es von sich aus tut, spielt für Smith keine Rolle. Denn für ihn zählt nicht die gute Absicht, sondern das Ergebnis. Jemand, der ein Ziel erreicht, fühlt sich glücklich, ob mit oder ohne Geld.

1: Adam Smith (1723–1790) wurde als Vierjähriger entführt und lief seinen Entführern davon. Er soll später seinen Schülern gesagt haben: „Schnell reagieren ist das Wichtigste im Leben." Smith beschäftigte sich mit Wirtschaftstheorie, aber auch mit moralischen Gefühlen wie Mitleid und Glück.

1. Vergleicht die beiden Positionen miteinander. Welche überzeugt euch mehr? Begründet euren Standpunkt. Lest hierzu auch die Seiten 174/175. (Werden Bücher bald überflüssig?)
2. **Projektvorschlag:** Michael Sandel schreibt in seinem Buch auch, dass es an einigen amerikanischen Schulen Belohnungsprogramme für gute Noten gibt: Was haltet ihr davon? Führt dazu Interviews an eurer Schule durch und wertet sie aus (zum Interview als Methode siehe Seite 161).
3. Schreibt einen Blog, in dem ihr die Philosophen Adam Smith und Michael Sandel und ihre Gedanken zu Belohnungen vorstellt. Recherchiert dazu auch im Internet.

Der besondere Text:
Glücksträume

Nazli Bayar: Glück, 2017

Schülerinnen und Schüler des Lucas-Cranach-Gymnasiums in der Lutherstadt Wittenberg haben ein Buch mit Gedichten und Geschichten veröffentlicht: „Wenn Gedanken Flügel bekommen". Darin geht es auch um Zukunft und Glück.

Träume

Ich träume davon, in Berlin zu wohnen.
Ich möchte, dass mir jemand Biologie zu verstehen gibt.
Ich wünsche mir mehr Ferien, um vom stressigen Schulalltag Abstand
zu gewinnen.
5 *Ich möchte* Entscheidungen selber treffen können, mehr Mitsprache bekommen.
Ich möchte den Klimawandel stoppen können.
Sodass wieder mehr Schneeflocken vom Himmel fallen.
Rika, *Klasse 7*

Träume und Wünsche

In meinem Traum sah ich
einen wunderschönen grünen Baum.
Darauf saßen Sterne und ein Kind
und leise wehte der Wind.
5 Aus jedem Sterne drang ein Schein,
dass niemand sich fühlte mehr allein.

Das Kind lächelte und rief:
Ein jeder von den Sternen mein
trage viele Wünsche heim!
10 Für Frieden, Freude, Sonnenschein
sollen alle diese Lichter sein!

Als ich erwachte aus meinem Traum
sah ich immer noch das Kind im Baum
und dachte, hoffentlich wird alles wahr,
15 was ich heut` im Traume sah.

Maditha, *Klasse 6*

1. Beschreibt das Bild von Nasli Bayar. Welche Bedeutung hat der Schmetterling? (Zur Bildbeschreibung siehe auch die Seite 124.)
2. Wovon träumen Rika und Maditha? Erzählt von euren Wünschen und Träumen und vergleicht sie.
3. Schreibt selbst ein Gedicht zum Thema. Nutzt dabei Rikas Formeln: *Ich möchte … / ich träume … / ich wünsche …*; Entwickelt daraus ein Portfolio*.

Wissen und Verstehen:
Glück und Unglück

Das weiß ich: Diese Namen und Begriffe kann ich ordnen

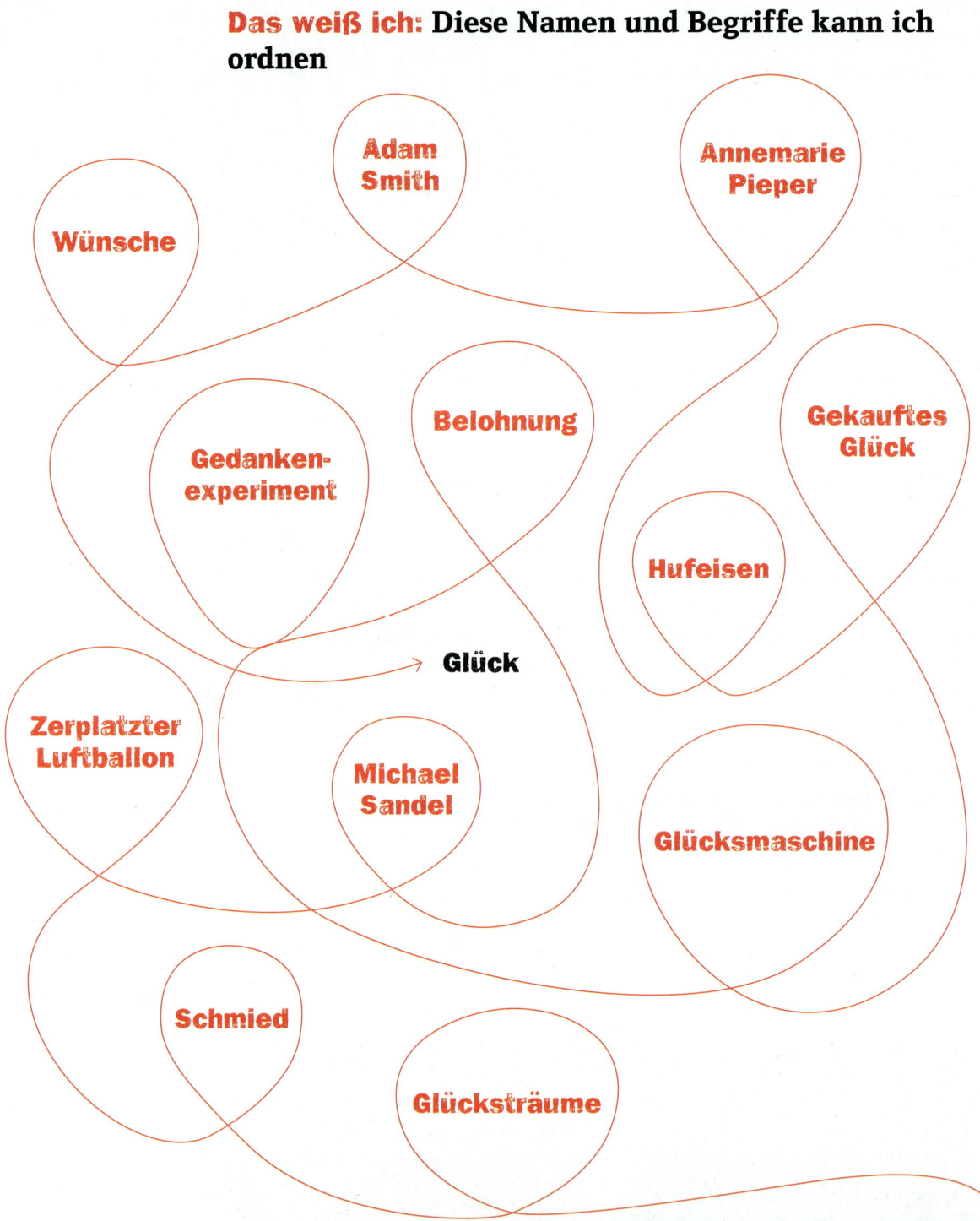

1. Erklärt den Zusammenhang zwischen Glück und Unglück.
   Lässt sich dieser Zusammenhang auch mit Farben und Formen gestalten?
   Probiert es aus!

Darauf kommt es an: Glück haben und glücklich sein

Annemarie Pieper unterscheidet zwischen Glück haben und glücklich sein. Wenn jemand Glück hat, geschieht etwas unerwartet und unverhofft, ohne eigene Anstrengung: Die Nachbarin bringt den verlorenen Schlüssel zurück. Am Glücklich-sein muss jeder selbst arbeiten, um eigene Ziele zu erreichen, zum Beispiel eine gute Note in Mathematik.

Inwieweit materielle Dinge wie Belohnungen und Geld zum Glücklichsein beitragen, wird in der Ethik heftig diskutiert. Nach **Adam Smith** fördern Belohnungen, dass jemand selbst gesteckte Ziele erreicht und somit glücklich wird. **Michael Sandel** verneint das. Er will, dass jemand aus Überzeugung an seinem Glück arbeitet, und nicht weil er dafür belohnt wird.

Das kann ich: Ein Glücks-Rätsel entwerfen

Zur Winterszeit, als einmal ein tiefer Schnee lag, musste ein armer Junge hinausgehen und Holz auf einem Schlitten holen. Wie er es nun zusammen-gesucht und aufgeladen hatte, wollte er, weil er so erfroren war, noch nicht nach Hause gehen, sondern erst Feuer anmachen und sich ein bisschen wär-men. Da scharrte er den Schnee weg, und wie er so den Erdboden aufräumte, fand er einen kleinen goldenen Schlüssel.
Nun glaubte er, wo der Schlüssel wäre, müsste auch das Schloss dazu sein, grub in der Erde und fand ein eisernes Kästchen.
„Wenn der Schlüssel nur passt!", dachte er. „Es sind gewiss kostbare Sachen in dem Kästchen."
Er suchte, aber es war kein Schlüsselloch da, endlich entdeckte er eins, aber so klein, dass man es kaum sehen konnte. Er probierte und der Schlüssel passte glücklich. Da drehte er einmal herum: öffnete den Deckel – was wohl in dem Kästchen lag?
Nach **den Brüdern Grimm**

2. Schreibe als Glücks-Rätsel auf, was in dem Kästchen liegen könnte.
Lass deinen Nachbarn oder deine Nachbarin raten.

Kapitel 5:
Gerecht handeln

Die meisten Menschen sagen häufiger „das ist ungerecht" als „das ist gerecht".
Nach Judith Shklar, amerikanische Philosophin

Welche Erfahrungen habt ihr bisher mit Gerechtigkeit und Ungerechtigkeit gemacht?
Erzählt davon und berücksichtigt auch die Situationen auf den Bildern.

In diesem Kapitel lernst du
– den Unterschied zwischen *ausgleichender* und *austeilender* Gerechtigkeit kennen;
– den Zusammenhang zwischen Rechten und Pflichten herauszuarbeiten.

Dabei nutzt du
– die Methode des Argumentierens, vor allem zur Kinderarbeit;
– ein Projekt zur Untersuchung eurer Schulordnung.

Du beurteilst und bewertest
– verschiedene Kinderrechte;
– die Utopien von Thomas Morus und Ernest Callenbach;
– eigene Vorstellungen einer gerechten Schule.

Verhalten wir uns fair zueinander?

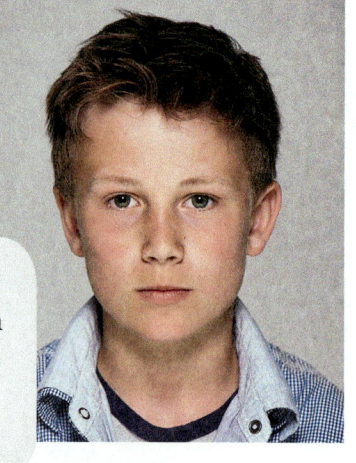

Jona hat in der Toilette eine Liebeserklärung für Martine an die Tür gekritzelt. Nun muss er alle Toiletten in der Schule saubermachen.

Edwina hat in der Pause ihre Mama mit dem Handy angerufen, weil sie Bauchweh hatte. Frau Schmidt hat sie erwischt und ihr das Handy weggenommen. Laut Hausordnung gibt es ein Handyverbot an Edwinas Schule.

Bastian und Mehmet haben sich auf dem Schulhof geprügelt. Als Herr Mayer in die Pause kommt, sieht er, wie Bastian Mehmet ans Schienbein tritt. Bastian muss in den Klassenraum gehen.

Nellie hat, ohne zu fragen, Jazlyns Handy aus der Tasche genommen, weil sie ein Foto von Elias M'Barek darauf hat. Jazlyn hat Nellie deshalb eine Ohrfeige gegeben und darf nun zum nächsten Klassenausflug nicht mitfahren.

Austeilen und Ausgleichen

Der Philosoph Aristoteles[1] beschäftigte sich bereits vor mehr als 2400 Jahren mit dem Problem der Gerechtigkeit. Gerecht ist jemand, wenn er die Gesetze im Staat einhält, denn sie garantieren, dass alle Menschen gleich behandelt werden. Wenn Menschen gegen Gesetze verstoßen, indem sie zum Beispiel
5 einen Diebstahl begehen, werden sie bestraft. Die Strafe dient dann als Ausgleich für den angerichteten Schaden, weil ein begangenes Unrecht wieder gut gemacht wird. Ob jemand besonders gut gebildet ist, viel Geld besitzt oder ein politisches Amt ausübt, spielt dabei keine Rolle. Aristoteles nennt das *ausgleichende Gerechtigkeit*.

10 Die *austeilende Gerechtigkeit* berücksichtigt bestimmte Ungleichheiten zwischen den Menschen. „Jedem das Seine, aber nicht das Gleiche". Aristoteles bringt damit zum Ausdruck, dass Menschen verschieden sind. Der eine arbeitet viel, der andere wenig. Deshalb kann es auch Unterschiede in der Bezahlung geben. Allerdings muss der Staat dafür sorgen, dass alle Bürger
15 genug haben, um gut leben zu können. Wenn jemand kein Geld hat, so muss er auf jeden Fall unterstützt werden. Dadurch wird bestehendes Unrecht wieder gut gemacht.

1: Aristoteles (384–322 v. Chr.) war ein griechischer Philosoph. Er hat für seinen 12-jährigen Sohn Nikomachos das erste Buch zur Ethik geschrieben: „Die Nikomachische Ethik". Darin dachte er zum Beispiel über Gerechtigkeit, Glück und Freundschaft nach.

1. Bildet kleine Gruppen. Entscheidet, ob das Verhalten der Schülerinnen und Schüler in der Schule gerecht beurteilt wurde. Wen würdet ihr auf den Comics bestrafen und auf welche Art und Weise? Begründet eure Urteile.

2. Sagt mit eigenen Worten, was Aristoteles unter „austeilender" und „ausgleichender" Gerechtigkeit versteht. Sammelt dazu Beispiele.

🦉 Überlegt, ob Aristoteles' Definition der Gerechtigkeit euch hilft, das Verhalten der Schülerinnen und Schüler und ihre Strafen als gerecht oder ungerecht zu beurteilen.

Philosophisches Forum:
Sind Rechte wichtiger als Pflichten?

🦉 Was heißt Recht?

Das Wort Recht kennt ihr durch Ausdrücke wie „Er hat Recht" im Sinne von „das ist richtig". In Bezug auf den Staat ist damit gemeint, dass einem Menschen etwas zusteht; er hat einen Anspruch auf bestimmte Sachen. Kinder haben zum Beispiel einen Anspruch auf Bildung. Der Staat muss deshalb Schulen
5 bauen, damit dieser Anspruch eingelöst werden kann.

Das Wort „Recht" hat aber auch etwas mit Gerechtigkeit zu tun. In diesem Sinne meint es Gleichheit (siehe auch vorherige Seite). So muss ein Staat alle Bürgerinnen und Bürger gleich behandeln und Gesetze festlegen, die diese Gleichbehandlung garantieren. Dies wird zum Beispiel im Grundgesetz[1] der
10 Bundesrepublik Deutschland in Artikel 3 garantiert: „Alle Menschen sind vor dem Gesetz gleich."

Das Grundgesetz gilt nur für Deutschland. Weltweit gibt es die Allgemeinen Menschenrechte, die 1948 in einer Charta der Vereinten Nationen[2] für alle Menschen in allen Ländern festgelegt wurden. Dazu gehören zum Beispiel
15 das Recht auf Bildung oder das Recht auf Gesundheit. 1989 hat die UNO auf der Grundlage der allgemeinen Menschenrechte in einer Kinderrechtskonvention 56 Rechte für alle Kinder und Jugendliche der Welt festgeschrieben. Im Jahr 2002 prüfte die UNO auf einem Weltkindergipfel in New York, ob sie auch umgesetzt werden.

1: So wie ihr eine Schulordnung habt, enthält das Grundgesetz die Staatsordnung der Bundesrepublik Deutschland. Sie wurde am 8. Mai 1945 beschlossen.

2: Die Vereinten Nationen (UNO) sind ein Zusammenschluss von 193 Staaten mit dem Ziel, den Weltfrieden zu erhalten. Sie wurden 1945 gegründet und haben ihren Sitz in New York.

Jedes Kind hat ein Recht auf:

Leben
(Artikel 6)

Gewissens- und Religionsfreiheit
(Artikel 14)

freie Meinungsäußerung
(Artikel 13)

Verantwortung der Eltern
(Artikel 18)

Schutz vor Misshandlung
(Artikel 19)

Bildung
(Artikel 28)

Freizeit und Erholung
(Artikel 31)

Gesundheit
(Artikel 24)

Schutz vor Drogen
(Artikel 33)

Schutz vor Kinderarbeit
(Artikel 32)

🦉 Was heißt Pflicht?

Das Wort „Pflicht" hängt eng mit dem Wort „Recht" zusammen. Pflichten sind Gebote. Sie sollen Menschen dazu bewegen, etwas zu tun, das nicht nur für den Einzelnen, sondern auch für die Gemeinschaft gut ist (siehe auch die Seiten 32/33). Im ersten Teil der Bibel gibt es beispielsweise die Zehn
5 Gebote (siehe Seite 117). Sie sagen Juden und Christen, was sie tun oder nicht tun sollen. Im Grundgesetz steht zum Beispiel in Artikel 6, dass Eltern die Pflicht haben, sich um ihre Kinder zu kümmern.
In der UNO wird seit einiger Zeit darüber diskutiert, ob es auch wichtig ist, zu den allgemeinen Menschen- und Kinderrechten Pflichten hinzuzusetzen.
10 Dadurch sollen Menschen motiviert werden, ihre Rechte gegenseitig zu achten.

1: Helmut Schmidt (1918–2015) regierte von 1974 bis1982 als Bundeskanzler die Bundesrepublik Deutschland.

„Wenn wir ein Recht auf Leben haben, dann haben wir die Pflicht, Leben zu respektieren[2].
Wenn wir ein Recht haben auf Meinungs-, Gewissens- und Religionsfreiheit, haben wir auch die Pflicht,
15 die Meinungen oder religiösen Überzeugungen anderer zu respektieren.
Wenn wir ein Recht haben auf Bildung, haben wir auch die Pflicht, so viel, wie es unsere Fähigkeiten erlauben, zu lernen und wo es möglich ist unser Wissen und unsere Erfahrung mit anderen zu teilen."

Der ehemalige Bundeskanzler Helmut Schmidt [1] und der Theologe Hans Küng [3] haben über Menschenpflichten nachgedacht:

Mirjam Wilson: Pflichten in der Gemeinschaft (Freie Kunstakademie Farbenfroh, Hamburg)

2: „Respektieren" heißt: achten, anerkennen.

3: Hans Küng (geb. 1928) ist Theologe und der „Vater" des Weltethos. Auf der Basis der Goldenen Regel soll eine gemeinsame Ethik aller Religionen entwickelt werden.

1. Erklärt die Begriffe „Recht" und „Pflicht". Berücksichtigt dabei auch das Bild.

2. Informiert euch in der Infothek unter *www.unicef.de* über die 56 Rechte der Kinder. Findet dann heraus, welche Entscheidungen auf dem Weltkindergipfel 2016 getroffen wurden: *www.kindergipfel.de*.

3. Was versteht ihr unter einem Recht auf „Verantwortung der Eltern"?

4. Führt eine Pro- und Kontra-Diskussion (zur Methode: Seite 91): Sollen die Rechte der Kinder durch Pflichten ergänzt werden?

5. **Projektvorschlag:** Prüft nach, ob eure Schulordnung eher Rechte oder Pflichten enthält.

🦉 Formuliert in kleinen Gruppen, ähnlich wie Helmut Schmidt und Hans Küng, die Rechte der Kinder auf der linken Seite als Pflichten und schreibt sie auf. Wertet eure Ideen anschließend gemeinsam aus.

Der besondere Text:
„Ich habe auf dem nackten Boden geschlafen"

Parwati ist ein 12-jähriges Mädchen aus Nepal[1]. Sie erzählt ihre bisherige Lebensgeschichte.

Parwatis Geschichte

Bis zu meinem neunten Lebensjahr habe ich in meinem Heimatdorf gelebt. Dort musste ich immer um fünf Uhr morgens aufstehen. Nachdem ich mir das Gesicht gewaschen hatte, ging ich hinaus und holte Gras für das Vieh. Dann aß ich mein Dhindo[2] und ging dann in den Dschungel, um Feuerholz
5 zu schlagen. Wenn ich von dort zurückkam, hatte ich keine Minute, um mich auszuruhen, sondern musste Teller und Töpfe scheuern und die ganze Wäsche waschen.

Mein Vater war zur Arbeit in Kathmandu[3] und meine Mutter arbeitete früh bis spät auf den Feldern anderer Leute. Meine Brüder und Schwestern waren
10 noch klein, und so musste ich das Haus putzen, die Betten machen und meinen Geschwistern nachmittags ihr Tiffin[4] kochen. Für mich ist von dem Essen nie etwas übrig geblieben, weil es immer zu wenig war. Während des Tages schliefen meine Geschwister. Ich holte Rohwolle aus Lagerverkäufen, die ich spinnen und flechten musste, um sie an die Teppichfabriken zu schicken.
15 Am Abend kochte ich Reis für die ganze Familie. Meine Mutter kam immer spät zurück. Wenn sie da war, brachte ich allen das Abendessen. Ich wusch das Geschirr arbeitete dann weiter an der Wolle. Um 23.30 Uhr konnte ich schlafen. Zu jener Zeit war ich erst fünf oder sechs Jahre alt.

Als ich neun war, wurde ich von einem Nachbarn, der versprochen hatte, für
20 meine Ausbildung zu sorgen, in eine Teppichfabrik gebracht. Ich weiß nicht, was aus dem Nachbarn geworden ist, aber ich habe ihn danach nie wieder gesehen. Ich stand um fünf Uhr auf und arbeitete bis 12 Uhr abends. Es gab nur zwei Essenspausen am Tag. Lohn habe ich nie erhalten, stattdessen durfte ich in der Fabrik essen und schlafen. Ich habe auf dem nackten Boden ge-
25 schlafen. Die Toilette bestand aus einem Loch im Boden, die Wände waren aus Säcken gemacht, nur der Meister hatte eine richtige Toilette.

Wo ich die Teppiche knüpfte, gab es immer Unmengen von Staub. Wegen dieses Staubes bekam ich Tuberkulose[5]. Weil ich so krank war, hörte ich mit der Teppicharbeit auf. Aber anstatt mich ausruhen und erholen zu dürfen,
30 musste ich für den Meister und seine Frau kochen und sämtliches Geschirr und ihre ganze Wäsche waschen. Wenn das Essen nicht perfekt gekocht war, wurde ich ausgeschimpft und geschlagen. In dieser Fabrik habe ich zwei Jahre gearbeitet.

1: Nepal ist ein kleiner Staat im Himalaya-Gebirge in Südostasien. Dort leben etwa 28 Millionen Menschen. Jährlich kommen ungefähr vier Millionen Touristen ins Land.

2: Frühstück

3: Kathmandu ist die Hauptstadt Nepals. Sie hat fast zwei Millionen Einwohner. 2015 wurde sie nach einem Erdbeben fast völlig zerstört.

4: Reisgericht

5: Lungenkrankheit

Wenn ich groß bin, möchte ich gern Ärztin werden.
35 Dann kann ich dafür sorgen, dass Kinder, die
ebenso arm sind wie ich, geheilt werden, ohne dafür
bezahlen zu müssen. Doch egal, wie arm Kinder
auch sein mögen – sie sollten über ihre Armut nicht
reden. Stattdessen sollten sie fest entschlossen
40 sein, einen Weg zu finden, sich auf ehrliche Weise
ihren Lebensunterhalt zu verdienen.

Weltweit arbeiten ungefähr 85 Millionen Kinder in Teppichfabriken oder Steinbrüchen, ohne Schutzkleidung. Viele von ihnen gehen nicht zur Schule.

Wir philosophieren: Argumentieren üben

Wenn ihr eure Meinung durch Argumente stützen wollt,
solltet ihr folgende Schritte beachten:

1. Schritt ⟩ Ihr schreibt eure Meinung auf: *Kinderarbeit sollte verboten werden.*

2. Schritt ⟩ Danach überlegt ihr euch eine Begründung und hängt sie
mit der Konjunktion „weil" an eure Meinung an: *Kinderarbeit muss verboten werden, weil Kinder keine körperlich schwere Arbeit verrichten sollen.*

3. Schritt ⟩ Anschließend denkt ihr darüber nach, ob ihr eure Meinung noch durch weitere Gründe stützen wollt.

Meinung　　　　　　　⟩
Kinderarbeit sollte verboten werden.

Grund
G1: *Kinder sollen körperlich nicht schwer arbeiten.*
G2: *Geld verdienen ist Sache der Erwachsenen*
G3: …

1. Gegen welche Kinderrechte wurde in Parwatis Leben bisher verstoßen? (siehe Seite 76).

2. Stellt euch vor, ihr erklärt dem Meister aus Parwatis Teppichfabrik, warum Kinderarbeit verboten werden sollte. Was würdet ihr ihm sagen? Schreibt weitere Argumente auf und vergleicht sie in der Klasse.

3. Was könnt ihr selbst gegen Kinderarbeit tun? Stellt in kleinen Gruppen nach der Placemat-Methode* Maßnahmen zusammen.

🦉 Könntet ihr euch vorstellen, dass Kinderarbeit unter bestimmten Bedingungen auch erlaubt sein könnte? Begründet euren Standpunkt.

Gibt es eine gerechte Welt?

Die Insel Utopia

Ethik und Naturwissenschaften sind die wichtigsten Fächer. Alle Kinder erhalten die gleiche Bildung.

Oberstes Ziel: Frieden und Religionsfreiheit

Oberstes Ziel: Jeder erhält gleich viel zum Leben.

Die Utopier leben in Großfamilien zusammen.

Jeder soll einen Beruf erlernen, der seinen Fähigkeiten entspricht.

Die Priester leiten den Staat; sie erhalten eine wissenschaftliche Ausbildung.

1: Thomas Morus (1478–1535) studierte Philosophie und Rechtswissenschaft in England. Danach ging er in die Politik und wurde Lordkanzler. Als er sich als überzeugter Katholik weigerte, die Ehe von König Heinrich VIII. für ungültig zu erklären, wurde er zum Tode verurteilt und hingerichtet.

Weitere Utopien findet ihr in dem Jugendbuch von Manfred Mai: Der Traum von einer besseren Welt. München 2010.

Wissen und Merken: Was sind Utopien?

Der Begriff „Utopie" setzt sich aus den griechischen Worten „ou" in der Bedeutung von „nicht" und „Topos" im Sinne von „Ort" zusammen, was auf Deutsch „Nirgendwo" heißt. Damit wird in Anlehnung an das 1516 geschriebene Buch „Utopia" des englischen Philosophen Thomas Morus[1] eine besondere
5 Richtung in der Philosophie bezeichnet. Sie beschäftigt sich mit Entwürfen einer gerechten Gesellschaft, die es so bisher in der Wirklichkeit noch nie gegeben hat. Diese Gesellschaft zeichnet sich wie die Insel Utopia durch eine gerechte Verteilung aller Lebensgüter (zum Beispiel Wohnungen, Nahrungsmittel, Fabriken) und ein friedliches Zusammenleben ihrer Mitglieder aus.
10 Viele Philosophinnen und Philosophen wie Francis Bacon* oder Margaret Cavendish* haben später das Inselmotiv von Thomas Morus fortgeführt. Sie wollten in Anspielung auf religiöse Vorstellungen vom Paradies (Seite 127) philosophische Träume von einer besseren Welt beschreiben.

Schulen in Ökotopia

In seiner Utopie „Ökotopia" berichtet der amerikanische Schriftsteller Ernest Callenbach[1] von einem utopischen Staat im Südwesten der USA, der sich Ökotopia nennt. Dieser Staat stützt sich auf erneuerbare Energien und hat so gut wie keinen Flug- und Autoverkehr. Auch die Schulen werden neu organisiert. Darüber berichtet in Callenbachs Utopie der Journalist William Weston, der als erster den neu gegründeten Staat Ökotopia besuchen darf.

1: Ernest Callenbach
(1929–2012) schrieb Bücher und unterrichtete Filmgeschichte in Kalifornien.

Neben die Erziehung in der Familie tritt für die Kinder ab dem sechsten Lebensjahr die Erziehung und Ausbildung durch Lehrerinnen und Lehrer. Auch in diesem Bereich erlebt William Weston einige Überraschungen. „So unglaublich es klingt: Die Kinder haben nur etwa eine Stunde pro Tag echten Unterricht
5 in der Klasse. Als ich mich erkundigte, wie man sie davon abhält, in der Zeit, wo kein Lehrer sie beaufsichtigt, die Schule zu demolieren, erklärte man mir, dass die Schüler sich normalerweise eifrig mit ihren ‚Projekten' beschäftigten." Ein wichtiger Lernort ist das angrenzende Waldstück, wo die Schüler Baumhäuser und unterirdische Verstecke bauen, Pfeile und Bogen schnitzen,
10 Angeln, Jagen und Überlebenstechniken lernen – „wobei mir allerdings auffällt, dass ihre Unterhaltungen mit biologischer Terminologie durchsetzt sind und dass sie anscheinend über eine erstaunliche wissenschaftliche Bildung verfügen".
Ein weiterer Lernort ist der Schulgarten, in dem die Kinder „mindestens zwei
15 Stunden am Tag körperlich arbeiten. Die Schulgärten spielen hier eine große Rolle, da sie Obst und Gemüse für die Mittagsmahlzeiten liefern".
Wichtige Lernorte sind zudem die kleinen Werkstätten, in denen Kinder selbstständig Holzartikel herstellen, die verkauft werden. Dabei werden ihnen „geometrisches Vorstellungsvermögen, physikalisches Denken, komplexe Be-
20 rechnungen und beim Zimmern erhebliche handwerkliche Geschicklichkeit abverlangt. Sie eignen sich die erforderlichen Informationen mit einer Begeisterung an, die nicht zu vergleichen ist mit der Art, wie die Kinder bei uns den vor- und aufbereiteten Lernstoff ‚schlucken'".

1. Was ist auf der Insel Utopia gerecht? Begründet euren Standpunkt.
2. Erklärt, warum in Utopia Ethik und Naturwissenschaften die wichtigsten Fächer sind.
3. Bildet Vierergruppen: Arbeitet heraus, was euch an der Schule in Ökotopia gefällt und was nicht. Begründet eure Entscheidung.
4. Entwerft eine eigene Utopie einer gerechten Schule: Welche Fächer sollten an dieser Schule unterrichtet werden? Wer soll sie wie leiten? Wie sollte der Unterricht organisiert werden? Wie sollten die Schulen ausgestattet werden und aussehen? Stellt eure Entwürfe einander vor.

Der Weltzukunftsrat wurde 2004 in Hamburg von Jakob von Uexküll gegründet. Er beschäftigt sich mit Zukunftsfragen, unter anderem mit Kinderrechten und der Bewahrung der Natur für künftige Generationen.

Wissen und Verstehen:
Gerecht handeln

Das weiß ich: Diese Namen und Begriffe kann ich ordnen

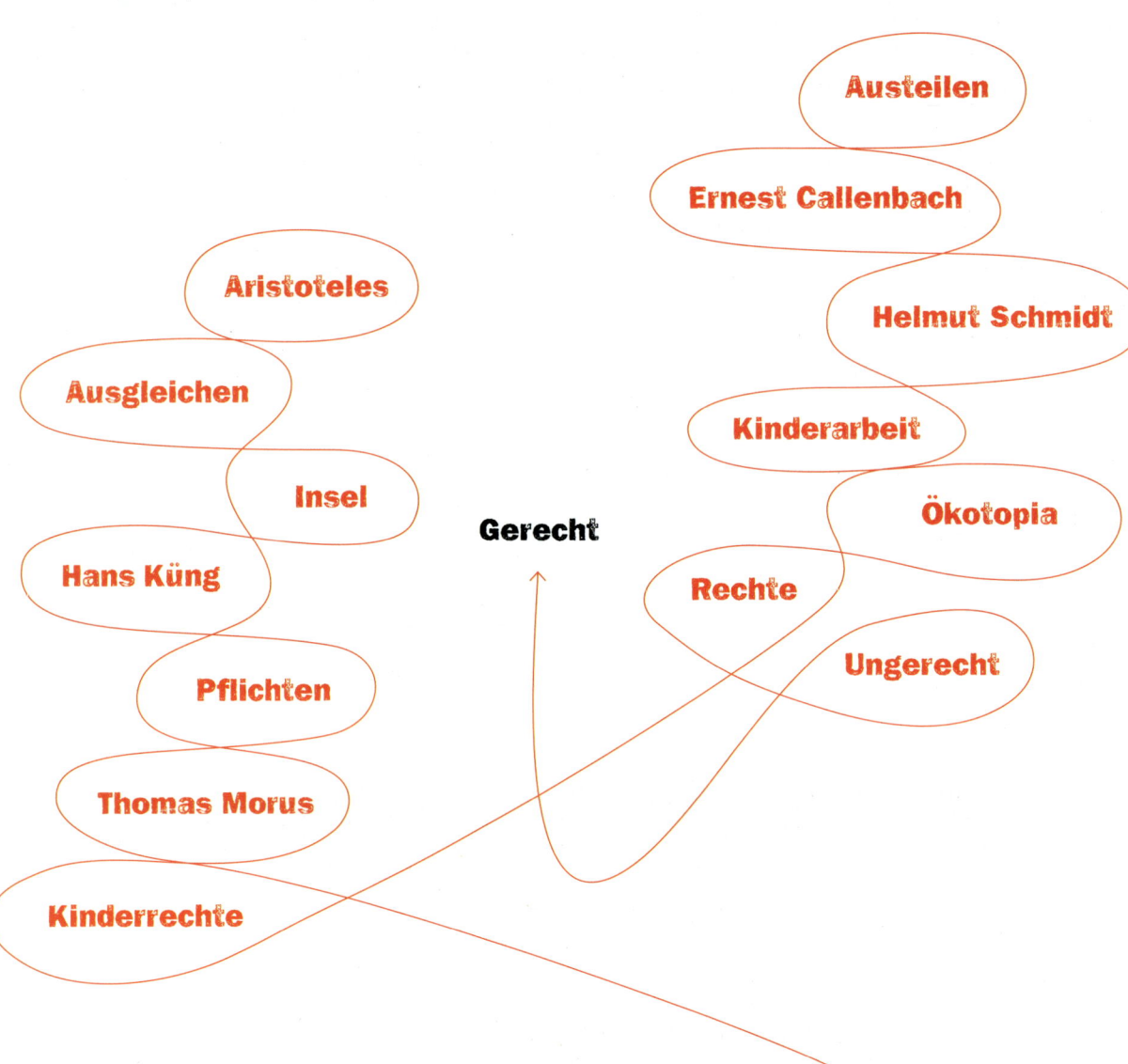

Austeilen

Ernest Callenbach

Aristoteles

Helmut Schmidt

Ausgleichen

Kinderarbeit

Insel

Ökotopia

Hans Küng

Gerecht

Rechte

Pflichten

Ungerecht

Thomas Morus

Kinderrechte

1. Stelle dir vor, ihr solltet deiner kleinen Schwester erklären, was Gerechtigkeit heißt. Was würdest du ihr sagen? Du kannst für deine Erklärung auch Beispiele verwenden. Schreibe sie in dein Heft. Vergleicht anschließend eure Ideen.

Darauf kommt es an: Kinderrechte verwirklichen

Kinder verfügen über **56 Rechte**, die ihnen die UNO 1989 zugestanden hat.
Sie gelten für alle Kinder und Jugendlichen bis 18 Jahre auf der ganzen Welt.
Kinder und Erwachsene müssen sich immer wieder dafür einsetzen, dass
diese Rechte auch eingehalten werden. So ist zwar **Kinderarbeit verboten**,
dennoch arbeiten viele Kinder in Asien, Afrika und Lateinamerika in
Teppichfabriken oder sogar im Steinbruch.
International wird darüber diskutiert, ob Rechte auch mit Pflichten verbunden
werden sollten. **Helmut Schmidt** und **Hans Küng** meinen, dass zu Rechten
auch die Pflicht gehört, sie zum Wohle aller Menschen einzuhalten. Das heißt,
ich soll nicht nur darauf achten, dass ich alle Rechte für mich in Anspruch
nehme, sondern dass auch alle anderen Menschen davon profitieren.
In den **großen Utopien** der Philosophiegeschichte wurden immer wieder
Entwürfe einer gerechten Gesellschaft erdacht, in denen die Menschen friedlich
und mit gleichen Rechten zusammenleben. **Thomas Morus** verwendete als
erster den Begriff der Utopie für solche gesellschaftlichen Wunschträume.

Das kann ich: Über den „Ballon der Kinderrechte" entscheiden

2. Bildet kleine Gruppen. Stellt euch vor, ihr befindet euch mit den folgenden
Kinderrechten im Gepäck in einem Heißluftballon. Der Ballon verliert an
Luft und ihr müsst einige Rechte abwerfen.

3. Stellt eine Rangfolge von 1 bis 8 auf: Welches Recht werft ihr zuerst ab
und welches Recht zuletzt? Einigt euch in der Gruppe und begründet eure
Entscheidung. Diskutiert anschließend in der Klasse über eure Ergebnisse.

Kapitel 6:
Wie du mir, so ich dir?

Der Kampf ist der Vater aller Dinge.

Heraklit, griechischer Philosoph

Findet diejenigen Situationen heraus, in denen es um Konflikte geht.
Schreibt sie in euer Heft.

In diesem Kapitel lernst du
- die Begriffe „Konflikt" und „Mobbing" zu unterscheiden
- Formen von Konflikten zu erkennen
- Lösungsmöglichkeiten der Konfliktbearbeitung einzusetzen

Dabei nutzt du
- die Methode der Pro- und Kontra-Diskussion (siehe Seite 91)
- die Methode des Argumentierens (siehe Seite 71)

Du beurteilst und bewertest
- mehrere Konfliktsituationen in Schule und Alltag
- verschiedene Konfliktlösungsansätze

Wenn aus Spielen Ernst wird

Ein kleiner Ringkampf

Bernd und Thomas kämpfen miteinander. Bernd ist am Gewinnen. Thomas liegt auf dem Rücken, Bernd sitzt auf seiner Brust. Thomas bekommt kaum noch Luft. Plötzlich nimmt er alle Kraft zusammen und bäumt sich auf. Verdutzt plumpst Bernd zur Seite und landet auf dem Boden. Und ehe er sich's ver-
5 sieht, ist sein Oberkörper zwischen Thomas' Beinen eingeklemmt. Außerdem drückt Thomas ihm den Ellbogen gegen den Hals. Bernd rührt sich nicht mehr, er gibt sich geschlagen.

Ein kleiner Ringkampf – was für ein Spaß!
Thomas und sein Vater Bernd raufen schrecklich gern miteinander, und je
10 größer Thomas wird, desto lustiger findet er es. Bernd muss nicht mehr so tun, als würde er verlieren, er kämpft wirklich mit aller Kraft. Auch Thomas muss nicht mehr so tun als ob; er will seinen Vater ernsthaft schachmatt setzen. Manchmal tun sie sich zwar ein bisschen weh, aber sie lieben ihre Raufereien.
15 Wenn wir mit Menschen zusammen sind, die wir lieben, die uns auch lieben und denen wir vertrauen, können solche gewalttätigen Spiele ganz lustig sein. Aber es sind eben nur Spiele.

Brigitte Labbé, *französische Autorin*

Wissen und Merken: Was ist ein Konflikt?

1: Heraklit (um 540–480 v. Chr.) leitete in Ephesos (heute Türkei) eine Philosophenschule, in der auch Frauen lernen durften. Er betrachtete das Gespräch als die wichtigste Übung des Philosophierens (siehe auch die Seiten 105 und 152).

Das lateinische Verb *confligere* heißt auf Deutsch „sich streiten". Konflikte umfassen Meinungsverschiedenheiten zwischen zwei Menschen oder Gruppen. Sie beziehen sich auf Handlungen oder Überzeugungen (Werte* und Normen*) und können mit friedlichen oder gewaltsamen Mitteln
5 ausgetragen werden.
Konflikte und ihre Lösungsmöglichkeiten spielten in der Ethik schon immer eine große Rolle. Der griechische Philosoph Heraklit[1] ging beispielsweise davon aus, dass unsere Welt aus Gegensätzen wie Gut und Böse besteht, die ständig miteinander ringen. Deshalb meinte er auch: „Der Kampf ist der
10 Vater aller Dinge."

Der Radiergummi

Leila nimmt Oles Radiergummi aus der Federtasche, weil sie ihren vergessen hat. Sie möchte auf ihrer Zeichnung für den Kunstunterricht schnell noch etwas wegradieren. Plötzlich hört sie Ole schreien: „Wer hat meinen Radiergummi weggenommen? Dem haue ich sofort eine runter!" Leila zuckt
5 zusammen. Soll sie sich zu erkennen geben oder nicht?

Welche Formen von Konflikten gibt es?

Zwischen verschiedenen Gruppen
(zum Beispiel Cliquen)

Zwischen zwei Menschen
(zum Beispiel Leila und Ole)

Zwischen Mensch und Natur
(Eingriffe in die Natur, zum Beispiel die Ausweitung eines Flussbetts)

Konflikte

Mit sich selbst
(zum Beispiel die Entscheidung, ob man bei Streitigkeiten jemanden um Hilfe bittet)

Zwischen Völkern
(Kriege zwischen verschiedenen Staaten)

Zwischen gesellschaftlichen Gruppen
(zum Beispiel ein Bürgerkrieg in einem Staat wie Syrien)

?

Recherchiert zum Begriff „Konflikt" auch unter *www.hanisauland.de*

1. Denkt darüber nach, was das Besondere an Thomas' Rauferei mit seinem Vater ist.
2. Schreibt die Geschichte so um, dass Thomas mit einem anderen Jungen kämpft, allerdings nicht aus Spaß. Lest eure Geschichten in der Ethikgruppe vor.
3. Wie soll sich Leila Ole gegenüber verhalten? Unterbreitet in Viergruppen Lösungsvorschläge und sammelt sie am Whiteboard.

4. Ergänzt das Schema durch mögliche andere Konfliktformen und sucht zu jeder Konfliktform ein Beispiel.
5. Warum entwickeln sich aus Spielen manchmal Konflikte? Sprecht darüber in der Klasse.
🦉 Stellt euch vor, es gäbe keine Konflikte auf der Welt: Wie würde unser Leben aussehen? Denkt euch dazu eine Science-Fiction-Geschichte aus.

Wie lassen sich Konflikte lösen?

Das besondere Stück Kuchen

Robin und Yusuf reden schon seit Wochen nicht mehr miteinander.
Robin hat Yusuf immer von seinem Frühstücksbrot etwas abgegeben, wenn
Yusuf seines vergessen hat. Aber als Yusuf eines Tages von seiner Tante ein
Stück Kuchen mit in die Schule bekommt, will er Robin nichts davon abgeben.

5 „Das Stück Kuchen ist ja nur ganz klein, und außerdem hat meine Tante das
nur für mich gebacken. Es ist etwas ganz Besonderes."

„Ach", entgegnet Robin, „und was ist mit meinem Frühstücksbrot? Ist das
nichts Besonderes?"

Yusuf antwortet Robin nicht und dreht sich einfach um. Seitdem herrscht

10 zwischen den beiden Funkstille.

„Unter den Übermütigen ist immer Streit; aber Weisheit bei denen, die sich beraten lassen."
Die Bibel, Sprüche 13,10

Streitschlichter
sind speziell für die Schule ausgebildete Vermittler (Mediatoren), die Streithähne auseinander bringen sollen.

Konflikte bearbeiten

Yusuf und Robin reden nicht mehr miteinander. Wenn sie ihren Konflikt
beilegen wollen, können sie zwischen vier Möglichkeiten wählen:

Eine gewaltsame Lösung finden
Entweder Robin oder Yusuf setzt sich mit verbaler oder körperlicher Über-
legenheit durch; der andere „bleibt auf der Strecke".

Nachgeben
Der Konflikt wird „friedlich" gelöst, weil der Schwächere dem Stärkeren
nachgibt.

Verhandeln
Beide sprechen miteinander und
sind bemüht, den Konflikt einver-
nehmlich zu entschärfen. Robin und
Yusuf bemühen sich darum, jeweils
Argumente für ihre Position anzu-
führen (zur Methode des Argumentierens siehe auch die Seite 79).

Keine Lösung finden
Robin und Yusuf gehen weiterhin
getrennte Wege.

*Thoma Rowlandson: Ein Treffer
beim Backgammon, 1810*

Miteinander sprechen

> *Wenn Robin und Yusuf ihren Konflikt bearbeiten wollen, müssen sie miteinander reden. Dabei können Streitschlichter oder ein Freund bzw. eine Freundin helfen.*

Den Konflikt beschreiben

einander zuhören

einander respektieren

Ehrlich miteinander sein

Ein Konflikt-Gespräch führen

Gründe vorbringen

Die gegenteilige Meinung prüfen

Auf Gewalt verzichten

?

🦉 Der Ton macht die Musik

Manchmal verlieren wir die Geduld und werfen unsere Meinung einfach auf den Tisch. Erst danach bemerken wir, dass der andere zusammenzuckt. Wir beruhigen unser Gewissen, denn wir sind halt ehrlich gewesen! […] Und dann, wenn es heraus ist, sind wir zufrieden. Denn wir sind ja ehrlich gewesen, das

5 ist ja die Hauptsache. Und wir überlassen es nun dem anderen, was er mit den Ohrfeigen anfängt. Wir sind halt ehrlich gewesen! […]
Der Ehrliche, der nicht höflich sein kann oder will, darf sich allerdings nicht wundern, wenn die menschliche Gesellschaft ihn ausschließt. Denn er ist ehrlich, auf Kosten der anderen. […] Das Höfliche wird oft als leere Fratze

10 verachtet, ist aber eine Eigenschaft der Weisen[1]. Ohne das Höfliche nämlich, das nicht im Gegensatz zur Ehrlichkeit steht, sondern eine liebevolle Form für die Ehrlichkeit ist, können wir nicht mit anderen Menschen zusammenleben […]. Höflichkeit bedeutet nicht eine Summe von Regeln, die man drillt, sondern ist eine innere Haltung, eine Bereitschaft, die sich bewähren muss […].

15 Denn es geht darum, dass wir uns vorstellen können, wie unsere Worte und Handlungen bei dem anderen ankommen. […] Man begnügt sich nicht damit, dass man dem anderen einfach seine Meinung sagt; man bemüht sich zugleich um ein Maß, damit sie den anderen nicht umwirft, sondern ihm hilft.

Nach **Max Frisch**[2]

1: Menschen, die viel wissen

2: Max Frisch (1911–1991) war ein Schweizer Schriftsteller. Er hat schon in der Schule Theaterstücke geschrieben, die er später verbrannte. Berühmt wurde er mit seinem Stück „Andorra" über Vorurteile gegenüber Juden (siehe auch die Seiten 120/121).

1. Wie könnten Robin und Yusuf ihren Konflikt lösen? Beachtet die vier Möglichkeiten und gestaltet ein Rollenspiel dazu. Überlegt, ob es noch andere Möglichkeiten der Konfliktlösung gibt.
2. Beschreibt das Bild. Informationen über die Methode der Bildbetrachtung findet ihr auf Seite 124.
3. **Projektvorschlag:** Erkundigt euch nach den Aufgaben und der Ausbildung von Streitschlichtern an eurer Schule.
4. Ergänzt das Schema durch eigene Vorschläge, wie ein Konfliktgespräch geführt werden könnte.
🦉 Höflichkeit ist eine innere Haltung. Wie versteht ihr diesen Gedanken?

Philosophisches Forum:
Immer gewaltlos gegen Gewalt?

Die Sprache der Gewalt

Die gleiche Sprache sprechen?

Wenn zwei Menschen nicht dieselbe Sprache sprechen, ist zwischen ihnen kein Gespräch möglich. Wenn man auf Gewalt mit Gewaltlosigkeit reagiert, gibt man dem Angreifer zu verstehen, dass man eine andere Sprache spricht als er. Man sagt ihm, dass man seine Sprache, die Sprache der Gewalt, nicht versteht
5 und dass seine Drohungen in diesem Fall nichts nützen. Und was ist, wenn der andere weiter auf dich einschlägt, dich verfolgt, in der nächsten Pause wieder damit anfängt?

Gewaltlosigkeit ist kein Wundermittel. Ein solches Mittel gibt es leider nicht. Außerdem hängt alles davon ab, was man erreichen will.
10 Um sich möglichst wenig Schläge einzuhandeln, ist es eine gute Taktik, gar nicht zu reagieren. Normalerweise verläuft die Sache dann im Sande: Wenn jemand Streit sucht und ihn nicht findet, gibt er auf. Gewalt kann nur fortbestehen, wenn sie wieder auf Gewalt stößt. Wenn das nicht funktioniert, ist es manchmal nötig, sich auf eine stärkere Macht, eine „höhere Gewalt" zu
15 berufen, um den Kreislauf der Gewalt zu durchbrechen. Doch diese so genannte höhere Gewalt muss wirklich höher sein, damit es nur eine einzige Auseinandersetzung gibt. Dann wird der Angreifer nicht wiederkommen. Angesichts einer sehr viel höheren Gewalt hat Gewalt keine Chance.

Brigitte Labbé, *französische Autorin*

Der Hund auf dem Spielplatz

Immer wenn Maik mit seiner kleinen Schwester auf den Spielplatz ging, trafen sie dort eine Hundebesitzerin, die ihren Hund ohne Leine auf dem Spielplatz herumlaufen ließ. Viele der kleinen Kinder hatten Angst vor dem großen Hund und fingen an zu weinen. Maik bat die Hundebesitzerin deshalb mehr-
5 fach, den Hund an die Leine zu nehmen, allerdings ohne Erfolg. Die Hundebesitzerin antwortete stets: „Damit das klar ist – von Kindern lasse ich mir überhaupt nichts vorschreiben!"
Maik war darüber traurig und wütend, und eines Tages hatte er dann eine Idee. Er bat den großen Bruder seines Freundes Ben, mit auf den Spielplatz
10 zu kommen. Bens Bruder lockte den Hund mit einem Knochen an, legte ihn an die Leine und band ihn an einem Baum fest. Daraufhin kam die Hundebesitzerin wütend angelaufen und schrie: „Das ist Gewalt gegenüber Tieren!"

Wir philosophieren: Eine Pro- und Kontra-Debatte führen

In einer Pro- und Kontra-Diskussion (Debatte) treffen verschiedene Standpunkte zu einem ethischen Problem aufeinander:

Siehe auch die Seite 79 zum Argumentieren.

1. Schritt > Ihr formuliert zu einem ethischen Problem wie „Gewalt gegen Tiere" in Stillarbeit euren Standpunkt und begründet ihn.

2. Schritt > Ihr bildet zwei gleich große Gruppen.

3. Schritt > Ihr wählt einen Gesprächsleiter oder eine Gesprächsleiterin.

4. Schritt > Der Gesprächsleiter trägt das Problem vor und erteilt den Gruppen abwechselnd das Wort: Die beiden Gruppen sagen in einer Art Ping-Pong-Diskussion ihre Meinung und begründen diese.

5. Schritt > Während des Meinungsaustauschs sollten die Gruppen versuchen, auf die Argumente und Meinungen der Gegen-Gruppe einzugehen. Am Ende des Gesprächs hat jede Gruppe ein Schlusswort, bevor der Gesprächsleiter die Abstimmung einleitet.

6. Schritt > Ihr stimmt ab.

1. Malt ein Bild in euer Heft, wie der Konflikt mit dem Ohrring gelöst werden könnte.

2. Kommentiert den Gedanken, dass angesichts einer „höheren Gewalt"Gewalt keine Chance hat. Was bedeutet das für die Situation mit dem verschwundenen Ohrring?

3. Ist der große Bruder in der Hundegeschichte eine „Höhere Gewalt"? Begründet eure Meinung.

4. Führt eine Pro- und Kontra-Diskussion: Hat Bens Bruder Gewalt gegenüber dem Hund angewendet? Begründet euren Standpunkt. Lest hierzu auch noch einmal die Seite 128 über die Feindesliebe.

Der besondere Text:
„Ich wurde gemobbt"

Die Socken

Alles begann in einer Sportstunde. Unsere Lehrerin sagte, dass wir draußen
auf dem Fußballplatz Fußball spielen dürften. Ich schloss mich einer Gruppe
an. Da kam Oliver auf die Idee, dass wir auf Socken spielen könnten; das
wäre doch ein besonderer Kick. Ich wollte dabei nicht mitmachen, weil meine
5 Mutter immer schimpfte, wenn meine Socken kaputt waren. Sie hatte mir
sogar schon einmal gesagt, dass ich sie von meinem Taschengeld bezahlen sollte.
Als ich mit meinen Sportschuhen etwas abseits stand, kamen zwei aus der
Gruppe auf mich zu gerannt. Zwei andere hielten mich plötzlich von hinten
fest. Alle vier zerrten an meinen Schuhen und zogen sie mir aus. Sie warfen
10 die Schuhe ins Gebüsch und lachten. Später schimpfte mich die Lehrerin aus,
weil meine Schuhe weg waren.
Eine Woche später lauerten mir die Vier wieder auf und stellten mir ein Bein,
sodass ich hinfiel. Dieses Mal kippten sie meinen Rucksack aus und schmissen
alles ins Gebüsch. Sie nannten mich „Schwächling" und „Muttersöhnchen".
15 Das ging viele Wochen so. Ich traute mich schließlich nicht mehr aus dem
Haus und wurde in der Schule schlechter, weil ich nur noch daran dachte, was
mir auf dem Schulhof beim nächsten Mal passieren würde. Als ich meiner
Mutter die ganze Sache endlich erzählte, entschieden wir gemeinsam, dass ich
die Schule wechseln sollte.

Simon, *12 Jahre*

Wissen und Merken: Was ist Mobbing?

Hier kannst du dich
über Hilfen bei Mobbing
informieren:

*www.schueler-gegen-
mobbing.de*
(mit Chat-Angeboten)

www.seitenstark.de/kinder/
(mit Interviews, Chat-
Angeboten, Kinderserver)

Mobbing heißt, dass ein Schüler oder eine Schülerin über einen längeren
Zeitraum regelmäßig von einem oder mehreren Jugendlichen schikaniert
wird. Dazu gehören zum Beispiel die Verbreitung falscher Behauptungen
(„Melanie hat gestern im Supermarkt geklaut"), Einschüchterung durch
5 Gewaltandrohung („Wenn du uns nicht dein Handy gibst, schmeißen wir
dich in den kalten Fluss") oder die Verbreitung peinlicher Bilder im Internet,
die ohne Wissen des oder der Gemobbten beispielsweise auf dem Schulhof
aufgenommen wurden (Cybermobbing). Merkmale von Mobbing sind:
– Ein bereits bestehender Konflikt verfestigt sich (Simon).
10 – Der oder die Gemobbte wird häufig über einen längeren Zeitraum verbal
   und/oder körperlich attackiert (Simon).
– Die brenzlige Situation kann nur mithilfe Dritter (Lehrerinnen und Lehrer,
   Eltern, Schulsprecher, Vereine) entschärft werden.

Allein

Formen von Mobbing

Verbale Attacken (Worte): drohen, spotten, beschimpfen, Gerüchte verbreiten, jemanden ungerechtfertigt einer Tat beschuldigen, zum Beispiel in sozialen Netzwerken wie Myspace oder Facebook.

Körperliche Attacken: schlagen, stoßen, spucken, treten, festhalten, kneifen.

Attacken ohne Worte: Grimassen schneiden, hänseln, Ausgrenzung („mit dir wollen wir nichts mehr zu tun haben"), Informationen zurückhalten (jemandem, der krank war, nicht mitteilen, welche Hausaufgaben aufgegeben wurden).

Andere Formen von Attacken: Stehlen oder Verstecken von Schulmaterialien oder Handys, Stehlen oder Verstecken von Kleidungsstücken in der Turnhalle oder im Klassenraum, heimliche Handyaufnahmen auf dem Schulhof.

Folgende Vereine kümmern sich um Mobbingopfer:

Fairplayer
will Menschen zu Toleranz und Verantwortung bewegen und hat eine spezielle Schülerseite:
www.fairplayer.de

Beim **Kindersorgentelefon** kannst du anrufen:
www.nummergegenkummer.de
(Hier findest du Telefon-nummern aus deiner Region.)

1. Welche Formen der Mobbing-Attacken treffen auf Simons Falls zu, welche auf das Bild oben? Diskutiert darüber in der Klasse.

2. Wie geht ihr mit Mobbing in eurer Schule um? Berichtet von euren Erfahrungen.

3. Wie könnte sich der Junge oben auf dem Bild wehren? Arbeitet in Vierergruppen nach der Placemate-Methode*.

🦉 Beim Mobbing gibt es wie in Simons Fall Opfer und Täter. Es gibt aber auch Mitläufer und Dulder. Charakterisiert die beiden letzten Typen.

Wissen und Verstehen:
Wie du mir, so ich dir?

Das weiß ich: Diese Namen und Begriffe kann ich ordnen

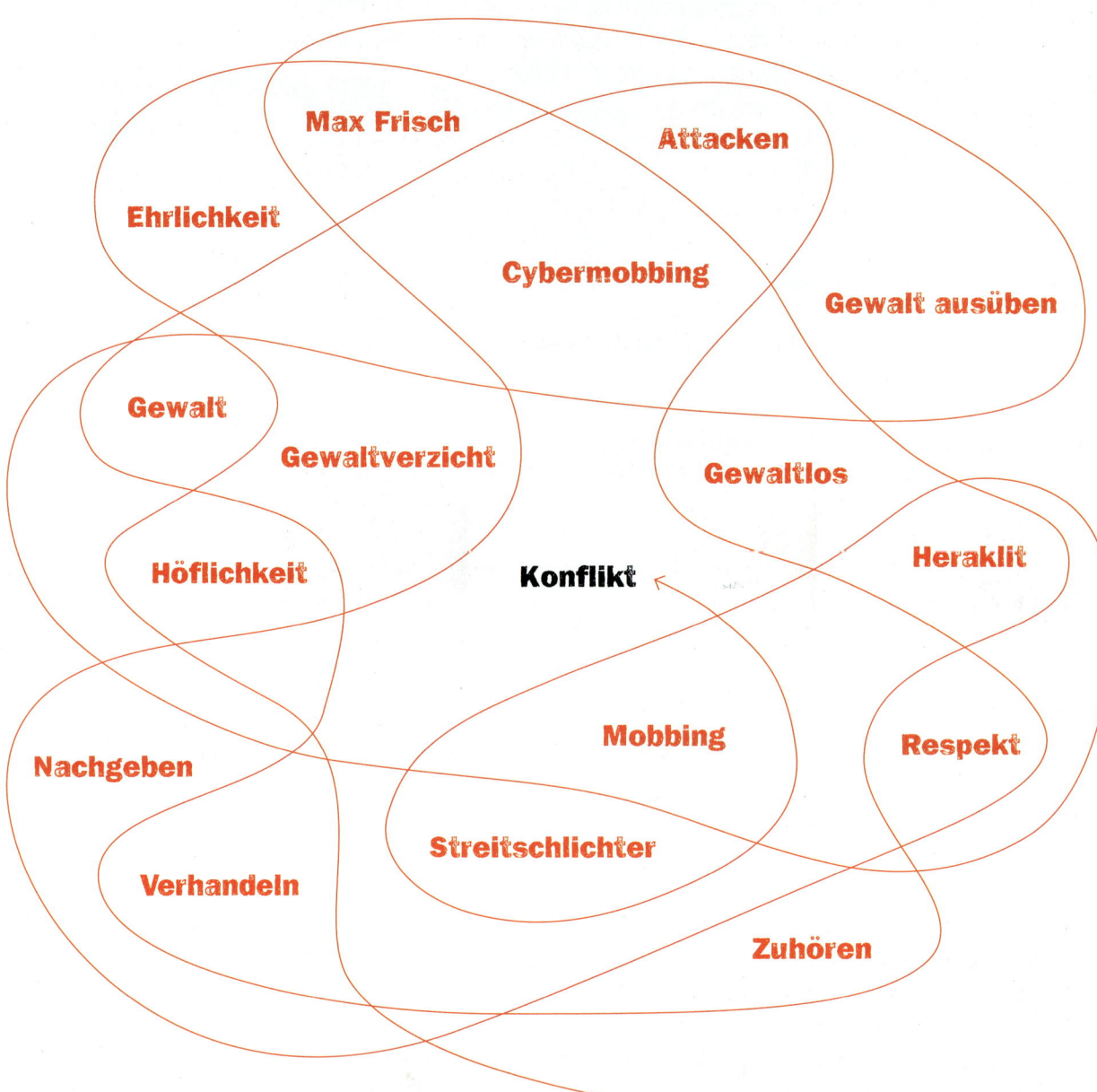

Max Frisch

Attacken

Ehrlichkeit

Cybermobbing

Gewalt ausüben

Gewalt

Gewaltverzicht

Gewaltlos

Höflichkeit

Konflikt

Heraklit

Nachgeben

Mobbing

Respekt

Streitschlichter

Verhandeln

Zuhören

1. Erklärt, warum Höflichkeit zur Konfliktlösung beitragen kann.
2. Was stellt ihr euch unter einem „Gewaltmelder" vor?
   Notiert dazu einige Gedanken in eurem Heft.

Darauf kommt es an: Konflikte bearbeiten

Konflikte beinhalten **Meinungsverschiedenheiten zwischen zwei Menschen oder Gruppen** von Menschen. Für den griechischen Philosophen **Heraklit** ist „der Kampf der Vater aller Dinge". Demnach besteht die Welt aus Gegensätzen (zum Beispiel hell und dunkel) und diese spiegeln sich auch im Verhalten der Menschen wider (gut und böse).

Wenn ein Konflikt entstanden ist, sollten sich die Streitenden um eine **Lösung** bemühen und **miteinander sprechen**, nach Möglichkeit durch die **Vermittlung einer dritten Person** oder eines ausgebildeten Streitschlichters.

Wenn ein Schüler oder eine Schülerin über einen längeren Zeitraum mit Worten oder körperlich durch Gewalt schikaniert wird, sprechen wir von **Mobbing**. Diese Situation kann durch die Hilfe Unbeteiligter, also durch Eltern, Freunde oder Lehrerinnen und Lehrer, gelöst werden.

Das kann ich: Ein Konflikt-Interview mit mir selbst durchführen

– Was ärgert mich oder macht mich wütend?
– Zeige ich meine Wut immer? Wann zeige ich sie, wann nicht?
– Was tue ich, wenn ich auf jemanden wütend bin?
– Wie werde ich meine Wut wieder los?
– Bin ich auch gern mal wütend?
– Wie reagiere ich, wenn ich mit jemandem Streit habe?
– Wie versuche ich, den Streit zu beenden?
– Wen bitte ich um Hilfe?
– Was unterscheidet einen guten Streit von einem schlechten Streit?
– Kann ich mir eine Welt ganz ohne Streit vorstellen? Warum? Warum nicht?
– Habe ich manchmal auch Konflikte mit mir selbst?

3. Beantworte die Fragen in deinem Heft.
4. Vergleiche anschließend die Ergebnisse mit deinem Nachbarn oder deiner Nachbarin. Sprecht über Gemeinsamkeiten und Unterschiede in der Klasse.

Kapitel 7:
Welt entdecken, Welt erklären

Alle Menschen streben von Natur aus nach Wissen.
Aristoteles

1. Überlegt, was der Astronaut denken könnte.
2. Damit der Mensch im Weltraum überleben kann, muss er sehr viel wissen. Warum strebt der Mensch aber überhaupt nach Wissen? Sammelt Gründe und schreibt sie auf!

In diesem Kapitel lernst du
- mit den Sinnen die Welt
  zu entdecken
- zwischen Täuschung und
  Lüge zu unterscheiden
- über die Entstehung der Welt
  nachzudenken
- Mythos und Logos zu
  verstehen

Dabei nutzt du
- deine Sinne
- Gedankenexperimente
- die Methode der Bild-
  beschreibung
- die Methode „Wahrnehmen
  und Beschreiben"

**Du beurteilst und
bewertest**
- unterschiedliche
  Wahrnehmungen
- was eine Täuschung und was
  eine Lüge ist
- Weltbilder und ihre
  Entstehung

Durch die Sinne die Welt entdecken

Wie entsteht eine Täuschung?

Giuseppe Arcimboldo
(1526–1593) lebte in Italien.
Er malte viele Bilder, in
denen er Gemüse, Blumen
und Früchte so anordnete,
dass sich daraus über-
raschende Bildnisse von
Menschen ergaben.

*Arcimboldo: Der Gemüse-
gärtner oder Ein Scherz mit
Gemüse (Umkehrbild), 1590*

Wissen und Merken: Die Welt wahrnehmen

Wir nehmen die Welt durch unsere Sinne wahr. Mit den Augen sehen wir, mit
den Ohren hören wir, mit der Nase riechen wir, mit unserer Zunge schmecken
und mit unserer Haut fühlen wir unsere Umwelt. Wir nehmen wahr, wie die
Welt ist: wie sie aussieht, klingt, riecht, schmeckt und sich anfühlt.

Wie erkennt ein Blinder die Welt?

Blinde Kuh

Ihr kennt sicher das Spiel „Blinde Kuh". Einem Mitspieler werden die Augen
verbunden. Er oder sie muss sich nun blind in der Welt orientieren. So ergeht
es auch einem Menschen, der blind geboren wird. Er nimmt die Welt durch
seine anderen Sinne wahr. Auf diese Weise lernt er durch den Tastsinn unter-
5 schiedliche Formen, zum Beispiel eine Kugel oder einen Würfel, kennen.
Stellen wir uns einmal vor, dass ein blinder Mensch plötzlich wieder sehen
könnte. Wäre dieser Mensch in der Lage, eine Kugel oder einen Würfel
nur durch das Sehen wiederzuerkennen, ohne die Gegenstände zu berühren?

Über den Tastsinn

10 Der Tastsinn liegt besonders in den Fingerspitzen. Mit unseren Berührungen
erkunden wir die Oberfläche und die Form der Dinge. Durch unseren Tastsinn können wir uns gut ein Bild von der Form eines Gegenstandes machen.
Im Gegensatz etwa zum Hören oder Sehen nehmen wir einen Gegenstand
mit unseren Fingerspitzen direkt wahr. Außerdem ist beim Hören oder Sehen
15 der Gegenstand von den Sinnesorganen Auge und Ohr in der Regel ein wenig
entfernt. Dieser Sinn ist eben darum auch der wichtigste, aber auch der
gröbste. Ohne diesen Sinn könnten wir uns jedenfalls von der Form eines
Gegenstandes keinen Begriff machen.

Nach **Immanuel Kant**[1]

1: Immanuel Kant (1724–1804) hat viel über den Menschen nachgedacht. Er meinte, dass der Mensch die Sinne und die Vernunft braucht, um die Welt zu erkennen. Einzelheiten zu Kant siehe Seite 20.

Wir tasten uns voran

20 Führt nun ein Experiment durch: Jeder bringt einen Gegenstand mit in die
Schule. Verratet einander nicht, welchen Gegenstand ihr mitgebracht habt,
sondern steckt diesen Gegenstand in einen Stoffbeutel. Jeder betastet nun blind
drei Gegenstände von Mitschülern. Baut anschließend alle mitgebrachten
Gegenstände in einer Reihe auf und erratet, welche Gegenstände ihr betastet
25 habt. Formuliert abschließend einen Forschungsbericht über euer Experiment,
in dem ihr beschreibt, was ihr untersucht habt, wie ihr das Experiment durch-
geführt habt und zu welchen Ergebnissen ihr gekommen seid.

1. Betrachtet das Bild von Arcimboldo für einige
Minuten. Versucht dann, das Gemüse mit
jedem einzelnen eurer Sinne wahrzunehmen.
Beschreibt diese Eindrücke in einem kurzen
Text (zur Methode des Beschreibens siehe
Seite 101). Dreht anschließend das Schulbuch
auf den Kopf. Worin besteht die Täuschung?

2. Könnte ein Blinder Gegenstände erkennen,
ohne sie zu betasten? Begründet eure Meinung.
Was würde Immanuel Kant dazu sagen?

3. Im Gegensatz zum Menschen nehmen Hunde
die Welt viel stärker mit ihrer Nase als mit
ihren Augen wahr. Stelle dir vor, du würdest
deine Klasse einen ganzen Schultag lang als
Hund begleiten: Wie würde ein Hund die Schule,
die Menschen und Ereignisse wahrnehmen?
Verfasse einen Bericht aus der Sicht eines Hun-
des (siehe auch Seite 45: „Der fremde Blick").

🦉 Viele sagen, die Menschen hätten noch einen
sechsten Sinn. Welcher könnte das sein?

Lüge – Irrtum – Wahrheit?

Ist ein Irrtum eine Lüge?

Nehmen wir an, ein Marsmensch landet auf unserem Planeten und hört das Wort „Lüge". Erstaunt fragt er auf dem Pausenhof, was das Wort bedeutet. Lasse (Klasse 6), Jenny (Klasse 7) und Araz (Klasse 8) haben geantwortet.

Araz: Du fragst, was eine Lüge ist? Wenn man nicht die Wahrheit sagt, dann lügt man.

Marsmensch: Was meinst du mit „nicht die Wahrheit sagt"?

Araz: Hm … Stell dir vor, jemand fragt dich, ob du von unserem Planeten

5 kommst. Sagst du „ja", dann hättest du gelogen.

Marsmensch: Also ist alles, was man sagt und das falsch ist, eine Lüge?

Lasse: Man lügt, wenn man jemand etwas Unwahres sagt.

Marsmensch: Und was ist etwas Unwahres?

Lasse: Wenn ich zum Beispiel sage, dass ich ein Käsebrötchen gegessen habe,

10 aber das gar nicht stimmt. Dann ist das unwahr oder eben eine Lüge. Diese Lüge ist zwar nicht schlimm, trotzdem habe ich gelogen.

Marsmensch: Aber warum tun das die Leute?

Lasse: Weil manche die Wahrheit einfach nicht zugeben möchten. Vielleicht hat man etwas Falsches gemacht oder weil etwas peinlich ist.

15 *Marsmensch:* Aber es wäre doch sehr viel einfacher, wenn jeder einfach die Wahrheit sagen würde!

Araz: Viele Leute lügen, um zu erreichen, was sie wollen. Aber man sollte trotzdem versuchen, alles mit der Wahrheit zu regeln. Lügen haben kurze Beine.

20 *Marsmensch:* Können Menschen überhaupt nicht lügen?

Jenny: Man lügt, wenn man etwas sagt, das falsch ist, aber dies mit Absicht tut. Wenn ich zum Beispiel eine Fünf in einer Arbeit habe, aber sage, ich hätte eine Eins. Das ist eine Lüge, weil ich mit Absicht das Falsche gesagt habe.

Marsmensch: Ist jede Lüge schlecht oder gibt es auch gute Lügen?

25 *Jenny:* Nein, nicht jede Lüge ist schlecht. Wenn du deinem Freund zum Geburtstag ein Foto von dir schenken willst, er dich aber vorher fragt, ob er ein Foto zum Geburtstag bekommt. Dann könnte man ruhig lügen, um ihm nicht die Überraschung zu vermiesen. Das wäre eine gute Lüge.

Daniel Nachtsheim

Immanuel Kant schrieb, dass man auf gar keinen Fall lügen dürfe – auch dann nicht, wenn es um Leben oder Tod geht. Was meint ihr dazu? Zu Kant siehe auch die Seiten 20 und 99.

Wir philosophieren: Wahrnehmen und Beschreiben

1. Schritt > Wir nehmen die Dinge um uns herum zuerst mit unseren Sinnen wahr. Wenn wir einen Gegenstand oder ein Lebewesen wahrnehmen, dann betrachten, fühlen, riechen oder hören wir den Gegenstand oder das Lebewesen. Dabei ist es wahrscheinlich, dass der Gegenstand oder das Lebewesen eine Empfindung in uns hervorrufen.

2. Schritt > Anschließend versuchen wir, diese Gegenstände möglichst so zu beschreiben, wie sie uns erscheinen. Wir beschreiben zum Beispiel die Form, das Material, die Farbe, den Geschmack. Alles, was wir an diesem Gegenstand wahrnehmen, versuchen wir möglichst genau wiederzugeben.

3. Schritt > Dann beschreiben wir die Gefühle und Gedanken, die wir dabei haben, wenn wir einen bestimmten Gegenstand wahrnehmen. Wenn wir etwa eine Katze beschreiben, dann denken wir vielleicht an unsere eigene Katze, die ein sehr weiches Fell hat und schnurrt, wenn wir sie berühren. Oder wenn wir einen Kirschbaum beschreiben, dann werden wir womöglich an den Geschmack von Kirschen erinnert.

4. Schritt > Wahrnehmungen können unterschiedlich sein, weil jeder seine eigenen Erfahrungen mit Gegenständen macht. Wir nehmen einen Gegenstand meist in einer bestimmten Betrachtungsweise und mit Vorurteilen wahr. Wer zum Beispiel gerade von einer Katze gekratzt worden ist, wird Katzen anders wahrnehmen als ein Katzenfreund. Wer keine Kirschen mag oder noch nie Kirschen gegessen hat, wird einen Kirschbaum anders beschreiben als andere Leute. Ich frage also: „Welche Beziehung habe ich zu einem Gegenstand?" oder „Welche Erfahrungen habe ich bereits mit ähnlichen Gegenständen gemacht?" oder „Was fällt mir besonders auf?"
Indem wir unsere Wahrnehmungen genau beschreiben, können wir unsere Wahrnehmung mit den Eindrücken anderer Menschen vergleichen und so aus der Wahrnehmung anderer Menschen lernen.

Das Penrose-Dreieck ist nach dem Mathematiker und Physiker Roger Penrose (geb. 1931) benannt, der sich auch mit philosophischen Problemen beschäftigt hat.

1. Worin besteht die Täuschung auf dem Bild von Penrose? Beschreibt das Bild möglichst genau.
2. Wie schafft es der Zeichner, beim Betrachter eine solche Illusion hervorzurufen? Versucht die Täuschung auf einem Blatt zu zeichnen.
3. Wenn jemand die Täuschung nicht erkennt: Würde dieser lügen? Begründet euren Standpunkt.
4. Erklärt anhand von Beispielen den Begriff „Lüge".
5. Entwerft in Gruppen Situationen, in denen Notlügen eurer Meinung nach erlaubt sind (seht hierzu auch die Seiten 120/121). Schreibt diese auf und begründet anschließend eure Meinung.
🦉 Stimmt ihr Jenny darin zu, dass es auch „gute" Lügen gibt? Führt dazu eine Pro- und Kontra-Diskussion (dazu siehe Seite 91).

Wie wir uns die Welt vorstellen

Der rätselhafte Planet

1: Jostein Gaarder (geb. 1952) ist ein norwegischer Schriftsteller und Philosoph. Sein Jugendroman „Sofies Welt", der die Geschichte der Philosophie erzählt, wurde in 52 Sprachen übersetzt und weltweit 40 Millionen Mal verkauft.

„Hast du gewusst, dass gerade ein geheimnisvoller Planet entdeckt worden ist, auf dem einige Millionen intelligente Wesen wohnen, die auf zwei Beinen durch die Gegend laufen und ihren Planeten durch ein paar lebendige Linsen betrachten?" Ich musste zugeben, dass mir das neu war. „Dieser kleine Planet
5 wird durch ein kompliziertes Netz von Bahnen zusammengehalten, auf denen diese cleveren Kerlchen pausenlos in bunten Wagen herumkutschieren. "

„Stimmt das wirklich?"

„Yes, Sir! Das rätselhafte Gewürm auf dem Planeten hat sogar riesige Gebäude mit über hundert Stockwerken errichtet. Und darunter – da haben sie lange
10 Tunnel gegraben, in denen sie in elektrischen Apparaten herum sausen können, die sich auf Schienen bewegen."

„Bist du ganz sicher?" fragte ich.

„Ganz sicher, ja."

„Aber … warum hab ich dann noch nie von diesem Planeten gehört?"

15 „Nun ja", sagte Vater. „Zum einen ist er erst vor sehr kurzer Zeit entdeckt worden. Und zum anderen fürchte ich, dass ihn außer mir noch niemand kennt."

„Wo liegt er denn?"

Jostein Gaarder[1]

Weltenschlange

Der Hinduismus[1] ist eine der großen Weltreligionen. Dort ist die über 2.500 Jahre alte Vorstellung verbreitet, wonach die Welt eine Scheibe ist, die auf den Rücken von Elefanten ruht. Diese stehen auf dem Panzer einer riesigen Schildkröte, die wiederum auf einer gewaltigen Schlange ruht. Diese Schlange
5 soll schon an der Entstehung der Welt mitgewirkt haben, deshalb wird sie auch die „Weltenschlange" genannt.

1: Der **Hinduismus** ist mit rund einer Milliarde Anhängern die drittgrößte Religion der Erde. Ihr Ursprung liegt in Indien.

Zylinder

Der Philosoph Anaximander lebte im 6. Jahrhundert v. Chr. und war ein Schüler des Philosophen Thales. Seine Lehre begründete er mit Berechnungen. Anaximander behauptete, die Erde sei ein Zylinder aus Stein, dreimal so breit wie tief und schwebe durch das unendliche Weltall.

Wissen und Merken: Was sind Weltbilder?

Wir entdecken die Welt durch unsere Sinne. Wir erklären uns die Welt aufgrund der Erfahrungen, die wir machen und aufgrund der Erklärungen, die andere Menschen uns geben. Wir bilden uns Vorstellungen davon, wie die Welt ist, indem wir Antworten auf viele unterschiedliche Fragen suchen.
5 Außerdem versuchen wir, die Menschen, die Welt und das Universum[2] in einem großen Zusammenhang zu verstehen. Alle diese Entdeckungen, Erfahrungen und Vorstellungen, die wir von der Welt haben, ergeben zusammengenommen ein großes Gemälde der Welt, wie wir sie sehen. Das ist unser Weltbild.

2: Weltraum, Kosmos, Himmel

1. Welchen Planeten beschreibt Jostein Gaarder? Was wird über ihn erzählt?

2. Wie sind die Hindus und Anaximander wohl zu ihren Vorstellungen über die Welt gekommen? Stellt Vermutungen an.

3. Ein Hindu trifft Anaximander: Schreibt einen Dialog, in dem sich beide über ihr Weltbild unterhalten und einander Fragen dazu stellen.

4. Wie hast du dir die Welt als kleines Kind vorgestellt? Kennst du Vorstellungen anderer Völker? Berichte davon in der Klasse.

5. Stellt euch vor, der Mensch hätte Kiemen und müsste unter Wasser leben. Wie würden wir uns die Welt dann vorstellen, welches Bild würden wir uns dann von der Welt machen? Versucht, dieses „Weltbild" zu zeichnen.

Mythos und Logos

Thales und der Sänger

1: Thales von Milet
(um 624–547 v. Chr.) ist
der erste Philosoph der
Weltgeschichte. Er sagte,
man müsse die Natur
logisch und naturwissen-
schaftlich erklären.

2: Fahrende Sänger:
Mythen wurden in alter
Zeit durch fahrende Sänger
verbreitet, die von Stadt
zu Stadt und von Hof zu
Hof zogen, um Geschichten
von Göttern und Menschen
zu erzählen.

*In einem langen und furchtbaren Krieg treffen die Lyder
und die Meder in einer wichtigen Schlacht aufeinander.
Plötzlich verdunkelt sich die Sonne …*

Sänger: Oh, dies ist ein Zeichen der Götter! In einer alten Erzählung wird
berichtet, dass die Helden erwachen und die Schlacht entscheiden, wenn
sich der Tag zur Nacht verdunkelt! Das Volk, das die Tempel der Götter
vernachlässigt hat, wird nun untergehen!

5 *Thales:* Habt keine Angst. Dieses Ereignis ist selten, aber ganz natürlich.
Der Mond schiebt sich vor die Sonne. Das ist bald vorüber. Kein Grund zur
Beunruhigung. Das war ja zu erwarten! Ein solches Ereignis kann man
berechnen. Ich kann euch auch sagen, wann die nächste Sonnenfinsternis
stattfinden wird.

🦉 Zwei unterschiedliche Arten, die Welt zu erklären

Um sich in der Welt zurechtzufinden, haben sich Menschen schon immer Fragen gestellt: *Wie mache ich Feuer? Wie mache ich Nahrungsmittel haltbar? In welcher Jahreszeit muss ich säen? Wie zähme ich Tiere? Wie mit einem Neugeborenen umgehen?* Durch Ausprobieren und Naturbeobachtung machten
5 die Menschen Entdeckungen, die ihnen halfen zu überleben.
Als die Menschen begannen, die Natur zu beobachten, fiel ihnen auf, dass gewisse Ereignisse mit Notwendigkeit auf andere folgten, zum Beispiel der Donner auf den Blitz oder das Gefrieren bei ausreichender Kälte. Mithilfe von Zahlen und Messinstrumenten, wie der Wasseruhr und Maßbändern,
10 konnten sie Vorgänge in der Natur erfassen und aufzeichnen. So war es möglich, Voraussagen zu machen. Außerdem konnte jeder überprüfen, ob die Erkenntnisse richtig waren, indem er selbst die Natur beobachtete oder Beweise für diese Erkenntnisse suchte. Diese Art der Erklärung nennen wir *rational* (vernünftig). Man spricht allgemein auch vom *Logos*, das bedeutet „erklärende
15 Rede". Aus den Erklärungen dieser Art sind die Fächer Physik, Chemie und Biologie hervorgegangen.
Doch kamen bald andere Fragen auf, die nicht so einfach beantwortet werden konnten: *Warum gibt es Jahreszeiten, in denen sich die Natur verändert? Was sind Sterne? Wohin gehen die Menschen, wenn sie sterben? Warum habe*
20 *ich Glück gehabt und mein Freund nicht? Warum gibt es überhaupt Menschen?* Fragen dieser Art waren es, die sich die Menschen durch Geschichten, auch *Mythen* genannt, zu erklären versuchten.
Mythen sind Erzählungen, die erklären wollen, warum die Welt so ist, wie sie ist. Diese Geschichten sind über einen langen Zeitraum entstanden und
25 wurden immer wieder verändert und weitererzählt. So gibt es auf der ganzen Welt unterschiedliche Mythen, die einige Gemeinsamkeiten haben: Oft erzählen Mythen vom Ursprung der Welt, des Menschen und der Natur. Häufig tauchen in den Geschichten, Gedichten oder Liedern Götter auf. Es geschehen unglaubliche Dinge und Wunder, in denen Gefühle der Menschen zum Aus-
30 druck kommen, die diese Geschichten weitergegeben haben.
Doch Mythen sind nicht einfach nur Geschichten wie „Micky-Maus" oder „Herr der Ringe". In früheren Zeiten waren die Menschen begeistert von den Mythen. Diese gaben ihrem Leben eine Ordnung, in der sie sich geborgen fühlen konnten. Auch wenn diese Geschichten nicht wortwörtlich verstanden
35 werden dürfen, lassen sich darin dennoch viele nützliche Gedanken finden.

Daniel Nachtsheim

Heraklit (um 540–480 v. Chr.) dachte viel über die Natur und den Logos nach. Er soll gesagt haben, dass es für Menschen manchmal schwierig ist, vernünftige Erklärungen über die Welt, zu verstehen (siehe auch die Seiten 86 und 152).

1. Schreibt den Dialog zwischen Thales und dem Sänger weiter.

2. Gestaltet in Kleingruppen die Unterhaltung zwischen Thales, dem fahrenden Sänger und den Kriegern. Anschließend stimmen die Krieger ab, welche Art der Erklärung sie mehr überzeugt.

3. Erstellt in euren Heften eine Tabelle mit zwei Spalten und notiert darin die Eigenschaften von Mythos und Logos.

🦉 Verfasst eine mythische und eine vernünftige Erklärung zu folgenden Ereignissen: a) ein Unwetter auf hoher See; b) in einer Stadt geht eine unbekannte Krankheit um.

Wie ist das Universum entstanden?

Yin und Yang – eine Schöpfungsgeschichte aus dem alten China

Im Anfang war das Chaos, Leere, Dunkelheit, unergründliche Tiefe des Ur-Ozeans. Aus dem Chaos entstand das Ur-Ei, das Welten-Ei. Im Ei schlief ein erstes lebendes Wesen: P'an Ku.
Der Schlaf dauerte 18.000 Jahre. P'an Ku schlief und schlief und wuchs.
5 Und P'an Ku begann sich zu strecken. Er wachte auf. Das Ei zerbrach.
Da war der helle Teil des Eis ganz von Yang durchdrungen. Er hob sich auf.
Er hob sich hoch. Der Yang-Teil wurde zum Himmel.
Der untere schwere Teil des Eis, er war vom Yin durchdrungen. Yin war dunkel.
Er sank hinab. Der Yin-Teil wurde zur Erde.
10 Yang, das war der helle Himmel. Yin, das war die dunkle Erde.
P'an Ku war voller Furcht, dass Himmel und Erde sich wieder verbinden. Darum zwängte er seinen Körper dazwischen, zwischen Yang und Yin. So hielt sein Kopf den Himmel oben, sein Fuß die Erde unten. Das dauerte wiederum 18.000 Jahre. P'an Ku aber wuchs und wuchs, größer und größer. Er wurde
15 riesig.
Schließlich sah er: Es wird nicht geschehen: Sie kommen nicht mehr zusammen. Erde und Himmel bleiben getrennt. Da schlief er ein, der Riese. Er schlief und schlief. Dann war es zu Ende. P'an Ku war gestorben.
Doch da geschah es: Aus seinem Körper, da wuchs die Welt hervor: Sein Atem
20 wurde zu Wind und Wolken. Seine Stimme erzeugte den Donner. Aus dem linken Auge erstrahlte die Sonne, aus dem rechten schien der Mond. Seine Arme und Beine wurden zum Süden, zum Norden, zum Osten und Westen.

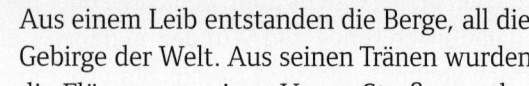

Aus einem Leib entstanden die Berge, all die Gebirge der Welt. Aus seinen Tränen wurden
25 die Flüsse, aus seinen Venen Straßen und Wege. Sein Fleisch aber brachte die Bäume hervor. Sein Körperhaar wurde zu Gras und Blumen. Aus seinem Kopfhaar entstanden die Sterne. Seine Knochen und Zähne wurden
30 zu Steinen.
Parasiten hatten auf ihm gelebt, Wanzen und Flöhe und Läuse. Aus ihnen wurden die Menschen der Welt, viele verschiedene Völker. So geschah es. So entstand die Welt aus dem
35 Körper des toten Riesen.

Die Geschichte der Entstehung der Welt von P'an Ku nach **Dietrich Steinwede**

Der Urknall

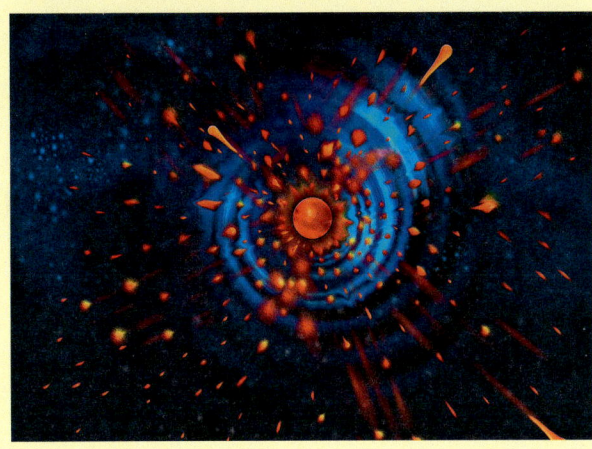

Am Anfang war der Urknall. Was vorher war, wissen
wir nicht. Denn der Urknall war der Anfang von
Zeit und Raum für uns. Alles, was es heute gibt, war
wie in einer winzigen, unendlich schweren Kugel
5 ganz dicht zusammengedrängt. In einer gewaltigen
Lichtexplosion vor ungefähr 15 Milliarden Jahren
flog alles in alle Richtungen auseinander. Das
ist so, wie sich gezeichnete Punkte auf einem Luft-
ballon voneinander entfernen, wenn man ihn
10 aufbläst.

Das Universum dehnt sich seitdem aus und kühlt sich ab. Bis heute tut es das.
Zunächst ist es wie ein Brei aus verschiedenen kleinsten Teilchen mit
komischen Namen wie Elektronen, Photonen oder Quarks (Erdbeersoße gab es
damals noch nicht). Sie liegen chaotisch durcheinander wie Buchstabennudeln
15 in der Suppe. Es ist, als wenn die Buchstaben in der Suppe sich ordnen zu
Silben, Wörtern, Sätzen, Geschichten, Büchern, Bibliotheken und anfangen,
die Geschichte des Lebens zu erzählen.

Nach mehr als hundert Millionen Jahren entstehen erst Klumpen, dann immer
größere Brocken und schließlich unzählige Sterne. Als diese ersten Sterne
20 wieder sterben, entstehen aus ihren Überresten Planeten, die um neue Sterne
kreisen. So wird nach über 10 Milliarden Jahren, also vor ungefähr 4,5 Milliarden Jahren unsere Sonne mit ihren Planten geboren. Auch unsere Erde kommt
jetzt zur Welt. Und auf diesem sonderbaren Planeten beginnt ungefähr eine
Milliarde Jahre später das Leben.

25 Nach dem plötzlichen Urknall und den unendlich langsamen Anfängen des
Lebens geht nun alles rasend schnell: Nach den Algen, Quallen und Schwämmen
entstehen Pilze, Farne, Moose und erste Blütenpflanzen. Dazu kommen
Würmer, Weichtiere, Krustentiere, Spinnen und Insekten. Schließlich entwickeln sich Fische, Reptilien, Vögel, Lurche und die Säugetiere bis hin zum
30 Menschen.

Am Anfang war der Urknall und heute bin ich auf der Welt. Ich bin zusammen-
gesetzt aus Atomen des Universums, die lange nach dem Urknall aus einem
längst erloschenen Stern entstanden sind. Meine Zellen enthalten etwas aus
dem Urozean der Erde. Wir Menschen sind aus dem Staub der Sterne und
35 aus dem Urwasser der Erde. [...]

Rainer Oberthür[1]

1: Rainer Oberthür (geb.
1961) ist Religionspädagoge.
Er hat viele Bücher über
philosophische und theolo-
gische Fragen für Kinder
geschrieben, zum Beispiel
„Neles Buch der großen
Fragen". Darin geht es um
Gott und die Entstehung
der Welt.

1. Wie würde die Welt nach der chinesischen
Schöpfungsgeschichte aussehen? Fertigt eine
Zeichnung an.

2. Überlegt, wie sich die Menschen mit einem
solchen Weltbild die folgenden Ereignisse
erklärten: Erdbeben, Komet, Sonnenfinsternis,
Regen, Dürre.

3. Zeichnet die Entstehung des Universums durch
den Urknall in einer Bildergeschichte.

4. Das Universum und die Menschen verändern
sich seit dem Urknall. Wie könnte diese
Entwicklung weitergehen? Zeichnet dazu Bilder.

🦉 Vergleicht die beiden Erklärungen über die
Entstehung der Welt. Fällt euch etwas auf?

Wissen und Verstehen:
Welt entdecken, Welt erklären

Das weiß ich: Diese Namen und Begriffe kann ich ordnen

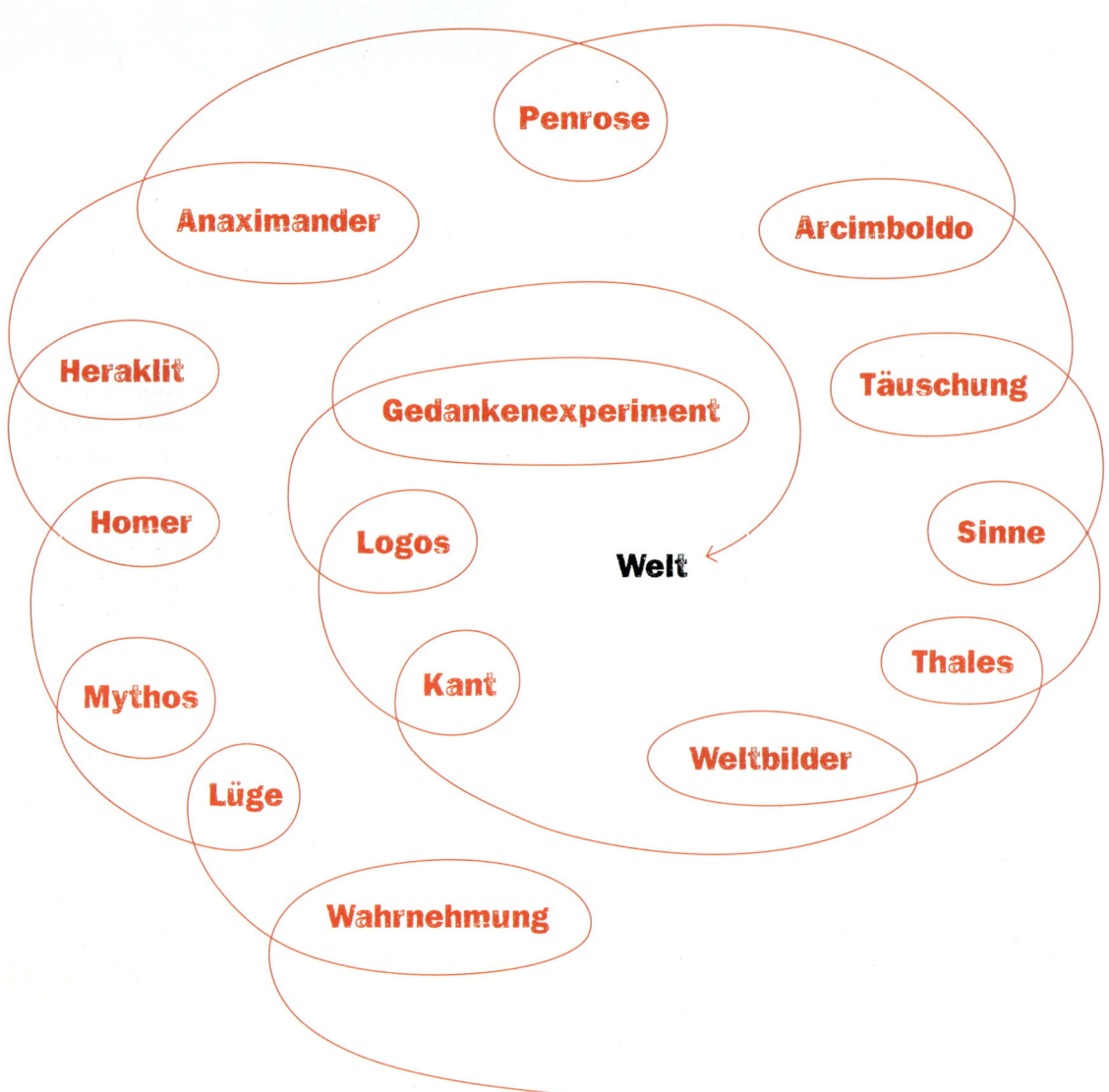

1. Schreibt alle wichtigen Namen und Begriffe auf kleine Zettel. Ordnet anschließend diejenigen Zettel einander zu, die zusammengehören.
2. Vergleicht eure Zuordnungen und erklärt euch gegenseitig, was ihr euch dabei gedacht habt. Gibt es etwas, das alle Zettel verbindet? Ihr könnt auch ein Begriffsmolekül* anfertigen.

Darauf kommt es an: Die Welt wahrnehmen

Mit unseren **Sinnen** entdecken wir die Welt. Für **Immanuel Kant** war beispielsweise der **Tastsinn** als Schlüssel zur Welt besonders wichtig. Unsere Sinne können uns zwar täuschen, doch sind wir auf sie angewiesen, um die Welt zu erkennen. Jeder kann sich irren, indem er auf eine Täuschung hereinfällt. Doch eine Täuschung ist keine Lüge.

Aus unseren Erfahrungen und den Informationen über die Welt bilden wir unsere Vorstellungen von der Welt – wir denken uns **Weltbilder** aus. **Mythische Weltbilder**, die auf alten Erzählungen beruhen, lassen Götter die Welt erschaffen. **Wissenschaftliche Weltbilder** folgen logischem Denken und überprüfbaren naturwissenschaftlichen Fakten.

Das kann ich: Über „Mythen für kleine Kinder" nachdenken

Schon seit langer Zeit erzählt man Kindern in Europa das Ammenmärchen[1], dass der Klapperstorch die Babys bringe: Demnach holt der Storch die Kinder aus einem Brunnen und legt sie der Mutter in den Schoß, wobei er der Mutter in das Bein beißt.

Warum soll nun ausgerechnet ein Storch die Babys bringen? Manche sagen, dass dies damit zu tun habe, dass der Weißstorch, also der Klapperstorch, Glück bringe. Dies kann man auch an dem Namen erkennen, mit dem viele Kinder den Storch in Geschichten kennenlernen: *Adebar*. Dieser alte Name bedeutet „Glücksbringer".

1: Bedeutet ein weit verbreitetes, aber falsches Wissen. Von den „Ammen", die in früheren Zeiten Kleinkinder betreuten, heißt es, dass sie den ihnen anvertrauten Kindern unglaubliche Geschichten erzählten.

3. Kennst du weitere Ammenmärchen? Berichte davon in der Klasse.

4. Wie beurteilt ihr solche Ammenmärchen? Ist es sinnvoll, kleinen Kindern solche Geschichten zu erzählen? Begründet eure Meinung.

Kapitel 8:
Religionen entdecken

Woher kommen wir? Wohin gehen wir?

Versuche, auf beide Fragen eine Antwort zu finden, mit oder ohne Bezug zu Gott.
Du kannst dazu auch *www.religionen-entdecken.de* nutzen.

In diesem Kapitel lernst du
– Abraham, Mose, Jesus und Mohammed kennen
– verschiedene religiöse Feste zu vergleichen
– moralische Gebote der jüdischen, der christlichen und der islamischen Religion zu unterscheiden

Dabei nutzt du
– die Methode der Bildbeschreibung
– das Internet, zum Beispiel *www.religionen-entdecken.de*
– Projekte, unter anderem zu den Stolpersteinen, zur Goldenen Regel und zu Jerusalem

Du beurteilst und bewertest
– Jesus' Idee der Feindesliebe
– ob Notlügen erlaubt sind
– wozu Religionen gut sind

Religionen begegnen: Die verwandten Drei

Eine Reise in die Vergangenheit

Clara verbringt die Sommerferien mit ihren Eltern auf einem Campingplatz an der Sonnenküste in Südspanien. Sie hat mit ihrer Familie auch einen Ausflug in die Stadt Córdoba gemacht und ihrer Freundin Lea in einem Blog davon berichtet.

Córdoba gilt als Stadt der drei Religionen. Dort lebten vom 10. bis 12. Jahrhundert Juden, Christen und Muslime überwiegend friedlich miteinander.

Hallo Lea,

wir sind heute nach Córdoba gefahren und hatten 40 Grad. Ich habe ganz schön geschwitzt, aber in der Mezquita war es kalt. Du kannst dir gar nicht vorstellen, was das für ein gigantisches Bauwerk ist. Früher im 9. Jahrhundert
5 war es eine Moschee, weil in Córdoba ein arabischer Kalif* regierte. Und danach wurde die Moschee von den Christen zurückerobert. Und stell dir vor, unser Reiseführer hat gesagt, sie haben dann 1523 mitten in die Moschee eine Kirche gebaut. Die Fotos siehst du unten. Papa wollte unbedingt auch noch die alte Synagoge sehen, aber die hatte leider geschlossen. Wenigstens
10 konnten wir von außen ein Foto machen.
Viele Grüße
Clara

Von links nach rechts: Mezquita (ehemalige Moschee) in Córdoba; Kathedrale in der Mezquita; Synagoge – die einzige unzerstörte von früher 300 Synagogen in Córdoba

Wissen und Merken: Heilige Orte

Córdobas Philosophen

Die Mezquita und die alte Synagoge von Córdoba gehören zu den heiligen Orten, die es in fast allen Religionen gibt. Diese Orte haben für religiöse Menschen eine besondere Bedeutung. Dort fühlen sie gemeinsam mit anderen Gläubigen eine große Nähe zu ihrem Gott. Sie verwenden dafür das Wort
5 „heilig", was so viel wie „besonders", verehrungswürdig" und „göttlich" bedeutet. Das gegensätzliche Wort heißt profan und meint „weltlich/alltäglich".
Für Juden ist einer der heiligen Orte die Synagoge (griechisch: „die Versammlung"). Christen gehen in die Kirche (griechisch: „dem Herrn" –
10 gemeint ist Gott – „zugehörig": Gotteshaus) und Muslime besuchen die Moschee („Ort der Niederwerfung"). Heilige Orte können auch Flüsse wie der Ganges in Indien und Berge wie der Fujijama in Japan sein.

Moses Maimonides
(1135–1204): jüdischer Philosoph, Arzt und Rechtsgelehrter (siehe auch die Seiten 64 und 117).

Wozu ist Religion eigentlich gut?

Das Leben war schon immer ziemlich kompliziert. Auch schon vor Tausenden von Jahren haben sich Menschen gefragt: Wie sollen wir leben? Was ist richtig oder falsch, gut oder böse? Warum gibt es uns überhaupt? Haben wir eine Aufgabe in diesem Leben? Und was geschieht mit uns nach dem Tod?
5 Die Religionen helfen vielen Menschen seit langer Zeit, Antworten auf die großen Lebensfragen zu finden. Genau darum wurden sie für die Menschen wichtig. Sie erzählen von der Schönheit der Schöpfung und vom Sinn des Lebens. In traurigen Momenten bieten sie Trost, in schwierigen Situationen helfen ihre heiligen Schriften bei einer Entscheidung oder die Gläubigen
10 finden bei ihrem Gott oder ihren Göttern Rat. Viele Menschen fühlen sich durch ihren Glauben auch sehr verbunden. Sie unterstützen sich gegenseitig und genießen die Gemeinschaft. Das Zusammenleben der Menschen regelten die Religionen sogar schon lange, bevor es Gesetzbücher und Gerichte gab. Natürlich sind nicht nur Religionen Lebenshelfer. Auch andere Menschen
15 zeigen uns, wie wir leben können. Eltern und Freunde teilen unser Glück und stehen uns in schwierigen Situationen zur Seite. Wir können uns selbst für etwas engagieren und für andere da sein. Einen Sinn oder eine Aufgabe braucht jeder, um glücklich und zufrieden leben zu können. Ob Religion dabei eine Rolle spielt, muss jeder selbst für sich entscheiden.

Jane Baer-Krause, *deutsche Autorin*

Averroës, arabisch „Ibn Ruschd" (1126–1198) Arzt, Jurist und einer der wichtigsten arabischen Philosophen

1. Informiert euch über die Mezquita und ihre Geschichte und haltet ein Kurzreferat dazu.
2. Welche heiligen Orte sind euch bekannt? Stellt sie einander in Partnerarbeit vor.
3. Erklärt in einem Kugellager* (Seite 179), warum Religionen im Leben von Menschen wichtig sind.

4. Führt eine Pro- und Kontra Diskussion: Mit oder ohne Religion glücklich? Erarbeitet dazu eine Standpunktrede (seht dazu nach auf Seite 139).

🦉 Habt ihr auch so etwas wie einen heiligen Ort, an den ihr euch zurückzieht, um über „Gott und/oder die Welt" nachzudenken? Erzählt davon.

Abraham und seine Kinder

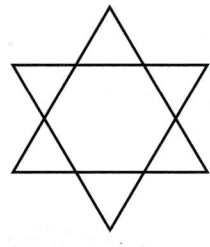

Davidstern
Symbol der jüdischen Religion: Die beiden Dreiecke symbolisieren die Verbundenheit der Juden mit Gott.

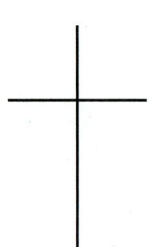

Kreuz
Symbol der christlichen Religion: Das Kreuz erinnert an Jesus' Tod am Kreuz (siehe Seiten 124/125).

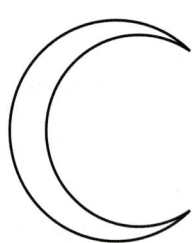

Neumondsichel
Symbol der islamischen Religion: Für Muslime ist eine neue Zeit angebrochen, nachdem sie den Koran erhalten haben.

Abraham lebt, so wird erzählt, vor ungefähr 3 500 Jahren in Mesopotamien (dem heutigen Irak) mit seiner Frau Sara und seinem Neffen Lot.

Gott sprach zu Abraham: „Zieh weg aus deinem Land [...] in das Land, das ich dir zeigen werde. Ich werde dich zu einem großen Volk machen."

Abraham und Lot trennen sich. „Lot wählte sich die ganze Jordangegend aus. Abraham ließ sich in Kanaan (heute Israel) nieder".

„Das ist mein Bund mit dir: Du wirst viele Nachkommen haben, so zahlreich wie Sandkörner in der Wüste."

Abraham und Sara haben keine Kinder. Sara drängt ihren Mann, die junge Magd Hagar zu heiraten; denn nach damaligem Brauch kann Sara die Kinder einer Magd als ihre eigenen ansehen. Daraufhin bekommen Hagar und Abraham einen Sohn: Ismael.

Mit Gottes Hilfe bekommen auch Sara und Abraham noch einen Sohn, den sie Isaak nennen. Isaak gilt als „Stammvater" der Juden und Christen; Ismael wird als „Stammvater der Araber" betrachtet.

Wissen und Merken: Heilige Schriften

Heilige Schriften erzählen von Menschen und ihren Überzeugungen von Gott und seinen Lebensregeln. Abrahams Geschichte steht in der hebräischen Bibel, dem Alten Testament (*Biblia* bedeutet „Buch"). Dieses Buch wurde in hebräischer Sprache geschrieben und heißt in der jüdischen Religion *Tanach*.
5 Die *Torah* („Weisung") berichtet über die frühe Geschichte der Juden, also über Abraham und Mose (siehe auch die Seiten 114 und 117). Darüber hinaus enthält die Hebräische Bibel noch andere Schriften: Geschichten über Propheten[1] sowie Gebets- und Liederbücher (zum Beispiel die Psalmen). Die Bibel der Christen umfasst das Alte Testament, das sie mit den Juden
10 gemeinsam haben, und das *Neue Testament*. Im Neuen Testament wird das Leben von Jesus beschrieben und seine „Frohe Botschaft" verkündet: Gottes guter Wille solle überall geschehen.
Der *Koran* (auf Deutsch „Lesung") ist die Heilige Schrift der Muslime. Er umfasst
15 114 Suren („Botschaften" Allahs). In der dritten Sure wird gesagt: „Wir glauben an Gott und an das, was er uns geoffenbart, was er Abraham, Ismael, Isaak, Jakob und den Stammesvätern geoffenbart hat […]."

1: Propheten
werden von Gott berufen, um seine Botschaften zu verkünden.

Hallo Clara,
danke für deine Mail aus Spanien. Córdoba muss eine tolle Stadt sein. Ich habe nicht gleich geantwortet, weil wir am Samstag den Sabbat gefeiert haben. Das machen wir jede Woche. Wir arbeiten dann nicht und sind in der Familie
5 zusammen. Und am Freitagabend konnte ich auch nicht schreiben – da haben wir immer unser Festessen zum Sabbat. Am Samstagmorgen war ich mit meinen Eltern und Jakob in der Synagoge zum Gottesdienst. Jakob durfte das erste Mal aus der Torah vorlesen. Er hatte seine Bar Mitzwa[2] und ist nun ein richtiges Mitglied der Gemeinde. Dafür hat er ein Jahr lang Hebräisch
10 gebüffelt und jüdische Feste und Gebote gelernt. Er war ganz stolz, als er seine neue Kippa* tragen durfte. Im Gebetsmantel und mit Gebetsriemen am Arm sah er irgendwie anders aus. Ich erzähle mehr davon, wenn du zurückkommst.
Schöne Ferien wünscht Lea

2: Bar Mitzwa
(„Sohn der Pflicht")
Religionsmündigkeit von jüdischen Jungen (mit 13 Jahren)

Bat Mizwa
(„Tochter der Pflicht")
Religionsmündigkeit von jüdischen Mädchen (mit 12 Jahren)

Schaut nach unter
www.religionen-entdecken.de

---

1. Juden, Christen und Muslime sind nach der Abraham-Erzählung miteinander „verwandt". Sammelt Ideen, wie sich Verwandte zueinander verhalten sollten.

2. Besucht eine Synagoge in eurer Nähe und informiert euch darüber, wie der Gottesdienst abläuft und was ein Rabbiner macht.

3. Recherchiert zum Sabbat.

Mose und das Laubhüttenfest

Leas Geburtstag

Pessach

gehört noch vor dem Laub-
hüttenfest zu den wichtigsten jüdischen Festen. Die
Juden feiern es im Frühjahr
und erinnern sich an die
Flucht ihrer Vorfahren, den
Israeliten, aus der Gefangen-
schaft in Ägypten. Pessach
dauert sieben bis acht Tage.
Dabei wird auch ungesäuer-
tes Brot gegessen – so wie
es die Israeliten nach ihrem
eiligen Aufbruch aus
Ägypten taten.

Lea hat Clara und Mehmet zu ihrem Geburtstag eingeladen. Das Fest findet
im Garten statt. Als die Gäste ankommen, staunen sie, dass der Kuchen auf
dem Tisch in einer Laubhütte steht. „Da ich heute, am 3. Oktober, Geburtstag habe, möchte ich mit euch und meinem Bruder Jakob das Laubhüttenfest

5 feiern", sagt Lea. „Es erinnert an die lange Wüstenwanderung der Vorfahren
der Juden nach ihrer Flucht aus Ägypten. Es wird immer im September oder
Oktober eine Woche lang gefeiert. Wir danken Gott, dass er uns ein Dach
über den Kopf und genug zu essen und zu trinken gibt. Normalerweise sitzt
unsere Familie in dieser Hütte und liest in der Torah die Geschichte von

10 Mose. Aber heute feiere ich mit euch – und morgen mit meinen Eltern."

Die Zehn Gebote

1. ICH BIN DER EWIGE, DEIN EINZIGER GOTT.
2. DU SOLLST KEINE FREMDEN GÖTTER NEBEN MIR HABEN UND DIR KEINE BILDER VON MIR MACHEN.
3. DU SOLLST DEN NAMEN GOTTES NICHT MISSBRAUCHEN.
4. DU SOLLST DEN RUHETAG (SABBAT) EINHALTEN.
5. DU SOLLST DEINEN VATER UND DEINE MUTTER EHREN.

6. DU SOLLST NICHT MORDEN.
7. DU SOLLST DEINEM PARTNER NICHT UNTREU SEIN.
8. DU SOLLST NICHT STEHLEN.
9. DU SOLLST KEINE LÜGEN ÜBER ANDERE VERBREITEN.
10. SEI NICHT NEIDISCH AUF DAS, WAS DEINEM NÄCHSTEN GEHÖRT.

Mose, so wird erzählt, hat diese Gebote am Berg Sinai von Gott überliefert bekommen: „Ich bin Der Ewige (Jahwe), der Gott Abrahams". Juden sprechen den Gottesnamen nicht aus, sondern umschreiben ihn mit anderen Worten. „Jahwe" bedeutet so viel wie „Ich bin für euch da". Die Israeliten, Vorfahren
5 der Juden, befanden sich zu diesem Zeitpunkt, vor über 3000 Jahren, auf der Flucht. Sie hatten als Hebräer[1] in Ägypten gelebt und mussten dort für den Pharao als Sklaven arbeiten, weil er große Städte und Pyramiden bauen wollte. Eines Tages beschlossen die Hebräer, mit ihren Familien zu fliehen. Ihr Anführer war Mose, ein Findelkind, das die Tochter des Pharaos aus dem
10 Nil gerettet hatte.
Dem Pharao passte es nicht, dass seine hebräischen Sklaven so viele Kinder bekamen. Deshalb befahl er den Soldaten, alle neugeborenen Söhne der Hebräer zu töten. Mose Mutter versteckte daraufhin ihr Baby, um es zu retten. Da es aber so viel schrie, konnte sie das Versteck nicht länger geheim halten.
15 Sie setzte ihren Sohn in einem Weidenkörbchen auf dem Fluss Nil aus und hoffte, dass Gott ihn retten würde.
Mose führte die Israeliten fast 40 Jahre lang durch die Wüste nach Israel, und Gott beschützte sie. Auf ihrer Wanderung übernachteten sie in Zelten und Hütten (*Sukkas*). An diese schwere Zeit erinnert das Laubhüttenfest (*Sukkot*).

1: So wurden die frühen Israeliten in Ägypten genannt.

1. Welches der Gebote findest du für dich besonders wichtig? Begründe deine Meinung.
2. Lest die Geschichte von Mose in einer Schul-bibel nach (Exodus 1–20). Tipp: In Kapitel 20 findet ihr die Zehn Gebote im Original.

 Der Philosoph Maimonides (siehe Seite 113) hat geschrieben, dass die Zehn Gebote für alle Menschen gelten sollen, nicht nur für Juden und Christen. Führt dazu eine Pro- und Kontra-Diskussion (seht dazu nach auf Seite 91).

Exklusiv:
Die Zehn Gebote heute

Fragen an Margot Käßmann

Schülerinnen und Schüler einer 6. Klasse haben über die Zehn Gebote im Ethikunterricht diskutiert und an Margot Käßmann[1] Fragen gestellt, die Lasse zusammengefasst hat. Bevor ihr das Interview lest, könnt ihr euch noch einmal die Seiten 32/33 über Regeln anschauen.

1: Margot Käßmann (geb. 1958) ist Professorin, evangelische Theologin, Pfarrerin und Mutter von vier Töchtern. Sie war Bischöfin der evangelischen Landeskirche in Hannover und 2009/2010 Ratsvorsitzende der Evangelischen Kirche in Deutschland. Margot Käßmann hat viele Bücher geschrieben, unter anderem „Du darfst – die Zehn Gebote".

2: Eine Gesellschaft, die vor allem ländlich-bäuerlich geprägt ist.

1. Wir haben im Ethikunterricht über die Zehn Gebote gesprochen. Sie sind ja schon mehr als 2000 Jahre alt. Warum sind sie heute noch wichtig?
Margot Käßmann: Das Spannende an den 10 Geboten ist ja gerade, dass sie sowohl in einer Agrargesellschaft[2] damals als auch in einer hochtechnisierten
5 Gesellschaft heute Grundregeln für das Zusammenleben von Menschen sind. Sie bilden die Basis für Vertrauen, Verlässlichkeit und Verantwortung. Mich fasziniert, wie einleuchtend diese Gebote auch noch heute sind.

2. Einige Schülerinnen und Schüler stört es, dass die Gebote 6 bis 10 Verbote sind. Brauchen wir wirklich Verbote, um gut miteinander zu leben?
10 *Margot Käßmann:* Wenn ihr in der Klasse darüber sprecht, was euch wichtig ist, käme sicher auch heraus: Andere sollen mich nicht beklauen. Es geht ja nicht um Gesetze, sondern um Regeln, die Menschen miteinander verabreden. Ich sehe in den Verboten weniger einen erhobenen Zeigefinger als die Ermutigung: Du hast die Kraft, das nicht zu tun und anders zu leben, nämlich mit
15 gegenseitigem Vertrauen mit anderen Menschen.

3. Wir waren auch zum großen Teil der Meinung, dass man das 9. Gebot „Du sollst nicht lügen" nicht immer einhalten kann. Was meinen Sie dazu?
Margot Käßmann: Alle Gebote sind von Menschen immer wieder übertreten worden. Das macht sie aber nicht sinnlos. Wir kennen gerade im christlichen
20 Glauben das Bekenntnis von Schuld – ich weiß, dass ich etwas Böses gemacht habe – und die Möglichkeit der Vergebung. Im Übrigen heißt das 9. Gebot „Du sollst nicht falsch Zeugnis reden wider deinen Nächsten!" Das ist noch etwas ganz anderes als eine kleine Notlüge. Das Gebot soll die Menschen davor bewahren, absichtlich falsche Dinge über ihre Mitmenschen zu verbreiten.

25 *4. Einig waren wir uns, dass das Gebot der Nächstenliebe für alle Menschen und Religionen wichtig ist. Warum?*
Margot Käßmann: Nächstenliebe ist für mich das entscheidende Kennzeichen des Christentums und des Zusammenlebens überhaupt. Uns ist nicht gleich-
30 gültig, wie es anderen Menschen in Not geht. Das übt sich am besten schon in der Kindheit ein.

Nächstenliebe heißt achtsam sein

Wer liebt, wer sich für andere einsetzt, wird das immer als Bereicherung
erleben. Es gibt sozusagen einen Segenskreislauf[1] der Nächstenliebe. Es ist
doch immer wieder eine viel schönere Erfahrung, etwas geben zu dürfen, als
auf Gaben anderer angewiesen zu sein. Der Segenkreislauf meint: Wir begeg-
5 nen einander auf Augenhöhe. Wer empfängt, muss nicht demütig am Boden
hocken. Nächstenliebe ist Zeichen eines Miteinanders, bei dem die Leistungs-
starken selbstverständlich mit Freude, mit Dank für die Leistungsschwachen
eintreten. Und niemand wird dafür irgendeine Auszeichnung erwarten […].
Für mich geht es dabei um eine Haltung der Achtsamkeit. Andere dürfen
niemals einfach nur Objekte meiner Zuwendung sein – das wäre eine herab-
10 lassende Haltung. Aber ich will so durchs Leben gehen, dass ich anderen
achtsam begegne. Schauen, was ich beitragen kann zu ihrer Fülle des Lebens.
Würde[2] ist mir wichtig in der Nächstenliebe; Almosengeben darf nicht her-
ablassend daherkommen.

Margot Käßmann

1: Segen heißt: von Gott
umsorgt und beschenkt zu
sein.

2: Respekt, Anerkennung
und Wertschätzung, die
jedem Menschen zusteht.

*Eine Schulkasse säubert ein
Waldstück von Abfällen.
Der Verein „Schüler helfen
leben" organisiert einmal pro
Jahr einen sozialen Tag.
An diesem Tag arbeiten
Schülerinnen und Schüler
außerhalb der Schule. Mit
ihrem Geld helfen sie weltweit
Kindern und Jugendlichen,
denen es nicht so gut geht.
Siehe auch:
www.schueler-helfen-leben.de*

1. Welche Fragen zu den Zehn Geboten würdet ihr stellen? Sammelt Fragen
   an der Tafel oder dem Whiteboard und beantwortet sie gegenseitig.
2. Projektvorschlag: Gestaltet in eurer Schule einen sozialen Tag, wie die
   Schülerinnen und Schüler auf dem Foto. Überlegt euch vorher, wofür ihr
   arbeiten und Geld sammeln wollt.

🦉 „Geben ist schöner als Nehmen", heißt es in einem berühmten Sprichwort
   aus der Bibel: Stimmt ihr zu? Begründet eure Meinung.

Der besondere Text:
Jakob der Lügner

1: Jurek Becker (1937–1997) war ein deutsch-jüdischer Schriftsteller. Sein genaues Alter kannte er nicht. Sein Vater hatte ihn im Ghetto von Lódz, „älter gemacht", um ihn durch eine Arbeitserlaubnis vor dem KZ zu retten, was nicht gelang.

Der Film „Jakob der Lügner" wurde 1974 im kalifornischen Hollywood für den Oscar nominiert.

Die Nationalsozialisten verfolgten vor mehr als 70 Jahren die jüdische Bevölkerung in weiten Teilen Europas. Die Nazis hielten die Juden in speziellen Stadtvierteln gefangen, die Ghettos genannt wurden. Dort mussten die Juden auf ihren Abtransport in ein Todeslager warten, wo sie ermordet wurden.

Der Schriftsteller Jurek Becker[1] hat ein Buch für Erwachsene geschrieben, das „Jakob der Lügner" heißt. Darin erzählt er die Geschichte des alten Mannes Jakob. Die Nationalsozialisten drangsalieren auch Jakob, weil er jüdisch ist. In einem Ghetto hört Jakob von den wachhabenden Soldaten, die russische Armee werde bald kommen und sie befreien.

Als Jakob mit seinem jungen Arbeitskollegen Mischa, der auch im Ghetto lebt und auf dem Güterbahnhof arbeitet, eines Tages am Bahndamm entlanggeht, entdeckt Mischa Kartoffeln in einem Eisenbahnwaggon. Mischa hat seit Tagen gehungert und ist am Ende seiner Kräfte. Er hat nur ein Ziel: Kartoffeln stehlen. Jakob weiß, dass darauf die Todesstrafe steht. Also muss er versuchen, Mischa vom Stehlen abzuhalten.

Abtransport von Juden im Warschauer Ghetto, 1943

Jakob weiß, dass nicht, mehr viel Zeit bleibt , der Junge ist in einem Zustand, in dem man nicht normal mit ihm reden kann Und dann sieht er die Ablösung in einer Kolonne anmarschieren, und jetzt muss er es ihm sagen.
„Weißt du, wo Bezanika liegt?"
5 „Gleich", sagt Mischa aufgeregt.
„Ob du weißt, wo Bezanika liegt?
„Nein", sagt Mischa und seine Augen begleiten die Kolonne auf ihren letzten Metern.
„Bezanika ist ungefähr vierhundert Kilometer von uns …"
10 „Aha."

„Die Russen sind zwanzig Kilometer vor Bezanika!"
Mischa gelingt es für einen Augenblick, seine Blicke von den marschieren-
den Soldaten frei zu machen. […]
„Freust du dich nicht?", fragt Jakob.

15 Mischa lächelt ihn freundlich an, „schon gut", sagt er mit einer Stimme, die
ein wenig traurig klingt, der man aber auch eine gewisse Anerkennung für
Jakobs reizende Mühe anhören soll. Und dann hat er wieder Wichtigeres zu
beobachten. Die Kolonne kommt näher, an dem kleinen Steinhaus, in dem
die Eisenbahner und die Posten ihren Aufenthaltsraum haben, sind sie schon

20 vorbei. […]
„Ich habe ein Radio", sagt Jakob […]. Mischa bleibt regungslos sitzen, die Russen
sind vierhundert Kilometer von uns entfernt, bei irgendeinem Bezanika und
Jakob hat ein Radio. Sie sitzen auf der Erde und sehen sich an, so als hätte es
nie einen Waggon gegeben mit Kartoffeln und keiner je auf die Ablösung

25 gewartet, ganz plötzlich ist morgen auch noch ein Tag.
Sie sitzen noch ein bisschen. Mischa lächelt glücklich mit seinen Augen, so hat
Jakob ihn zugerichtet. Jakob steht auf, man kann nicht ewig sitzen […].
Er ist gezwungen worden, verantwortungslose Behauptungen in die Welt zu
setzen, der ahnungslose Idiot da hat ihn gezwungen

30 […], bloß weil er plötzlich Appetit auf Kartoffeln
bekommen hat. Er wird ihm schon die Wahrheit
sagen, nicht sofort, aber heute noch, egal ob morgen
dieser Waggon noch da steht oder nicht […].
„Nimm dich zusammen und steh auf. Und vor allem

35 halt das Maul. Du weißt, was das heißt, ein
Radio im Ghetto. Kein Mensch darf davon erfahren."

Holocaust (griechisch „völlig verbrannt") und Schoah (hebräisch „Katastrophe") bezeichnen den Mord an etwa sechs Millionen Juden während des Zweiten Welt-kriegs (1939–1945) durch Nazi-Deutschland und seine Verbündeten.

Recherchiert unter *www. blinde-kuh.de*

Die Nachricht von Jakobs Radio verbreitete sich schnell im Ghetto. Viele Juden, die verzweifelt waren, schöpften neuen Mut. Was die meisten jedoch nicht wussten: Jakob besaß gar kein Radio. Er hatte die Nachricht von der Befreiung des Ghettos lediglich in einem Gespräch zwischen den Wachposten aufgeschnappt.

Auf einem Gehweg in Berlin

Stolpersteine sind eine Aktion des Künstlers Gunter Demnig. Vor den Wohn-häusern ermordeter Juden werden kleine Messing-platten in den Boden ein-gelassen, die an ihre Namen und Lebensdaten erinnern. Bis Ende 2016 sind fast 60.000 solcher „Steine" ver-legt worden – in 19 euro-päischen Ländern.

1. Warum behauptet Jakob, dass er ein Radio hat?

2. Jakob verletzt das 9. Gebot: Du sollst nicht lügen (seht dazu nach auf Seite 117). Hättet ihr das an seiner Stelle auch getan? Begründet euren Standpunkt. Lest hierzu auch die Seiten 100/101 über „Wahrheit und Lüge".

3. **Projektvorschlag:** Erforscht, ob es in eurer Gegend Stolpersteine gibt. Findet heraus, was die Aktion „Hörstolpersteine" bedeutet.

🦉 Sind Notlügen erlaubt? Bildet Vierer-Gruppen und arbeitet nach der Placemate-Methode*.

Jüdisches Leben heute

Makkabi – Sport, Spiel und Spaß

Vorrunden-Gruppenspiel während der Maccabi-Games im Berliner Olympiapark, 2015

Makkabi Deutschland wurde 1903 von deutsch-jüdischen Sportvereinen gegründet und 1938 von den Nationalsozialisten verboten. 1965 hat sich der Dachverband neu gegründet. Er ist Mitglied im internationalen Makkabi-Verband.
www.makkabi.de

Hallo Clara,

hast du Lust, heute Nachmittag mit mir zum Fußball zu kommen? Jakob spielt nämlich mit seiner Mannschaft vom „TuS Makkabi" gegen eine Türkiyemspor-Mannschaft aus Bochum. Mama hat auf sein Trikot extra noch schnell einen

5 weißen Davidstern genäht. Genauso ein Trikot hatte schon unser Urgroßvater, als er 1929 für Makkabi in Berlin Fußball spielte. Jakob ist ganz stolz, dass er auf derselben Position spielt wie Uropa, im Mittelfeld. In Jakobs Mannschaft spielt übrigens auch Mehmet. Er ist Muslim; bei Makkabi dürfen alle mitspielen, die gut kicken können. Papa hat heute keine Zeit mitzukommen und

10 deshalb muss ich Jakob anfeuern. Seine Mannschaft muss in diesem Testspiel unbedingt gewinnen, um eine Woche später beim Spiel der E-Junioren gegen den VFB Hermsdorf in der Kreisliga zu bleiben. Morgen kann ich übrigens nicht zu dir kommen, weil ich in die jüdische Gemeinde zum Filmabend gehe. Kommst du mit?

15 Tschüss, Lea

Wissen und Merken: Was ist eine jüdische Gemeinde?

Eine jüdische Gemeinde ist in erster Linie dafür da, dass Menschen jüdischen Glaubens ihre Religion ausüben können. In vielen Städten und Regionen gibt es heute wieder jüdische Gemeinden und Synagogen, wo Jüdinnen und Juden beten können, insgesamt 108 in ganz Deutschland. Ihr Dachverband ist der „Zentralrat der Juden". In größeren Städten befinden sich weitere Einrichtungen wie beispielsweise jüdische Kindergärten oder Schulen, Seniorenheime oder Vereine wie Makkabi. Eine jüdische Gemeinde ist immer auch ein Treffpunkt für jüdische Menschen, die sich über ihre Religion, Kultur oder Geschichte austauschen wollen.

Sergey Lagodinsky[1]

1: Sergey Lagodinsky, *Autor und Parlamentsmitglied der Jüdischen Gemeinde zu Berlin*

Nicht ganz koscher

Nach dem Fußballspiel will Maik Jakob eine Runde Gummibärchen spendieren. Aber Jakob lehnt ab. „Was hast du denn?", fragt Maik. „Ist dir der Appetit vergangen? Wir haben doch gewonnen." Jakob lächelt. „Klar, haben wir gewonnen. Aber Gummibärchen sind nicht koscher."

5 „Was ist denn das? Hast du keinen Appetit?"

„Nein", antwortet Jakob. „Ich esse nur etwas, das koscher ist".

„Ich versteh nur Bahnhof!" antwortet Maik.

„Gummibärchen bestehen aus Gelantine, und die wird aus Schlachtabfällen gemacht und enthält auch Schweinefleisch. Wir essen aber kein Schweine-

10 fleisch."

„Warum denn nicht? will Maik nun wissen.

„Weil Schweine unrein sind – sie fressen auch Abfälle. Juden essen kein Schweinefleisch."

„Mehmet isst auch keins", meint Maik, „aber der ist Muslim."

15 „Muslime essen auch kein Schweinefleisch."

„Aber Schokoriegel darfst du doch essen?"

„Ja", antwortet Jakob, aber niemals zusammen mit Fleisch. Ich esse zum Beispiel keinen Burger mit Milchshake; das verträgt sich nicht."

Gegenwärtig leben ungefähr 14 Millionen Juden auf der Welt, die meisten in Israel und den USA. In Deutschland leben ungefähr 100.000 Juden.

Was noch koscher ist: Obst und Gemüse, Fleisch von Rindern, Schafen und Ziegen, Fische mit Flossen und Schuppen.

1. Informiert euch über die jüdische Religion und die Tätigkeit der jüdischen Gemeinden (*www.zentralratjuden.de*).

2. Projektvorschlag: Erkundet in eurer Stadt oder Region, ob es dort jüdische Gemeinden gibt und bittet um einen Gesprächstermin. Erarbeitet vorher in kleinen Gruppen einen Fragenkatalog.

3. Tragt die wichtigsten jüdischen Speiseregeln (Kaschruth) zusammen (*www.religionen-entdecken.de*).

🦉 Lea betont in ihrer E-Mail an Clara, dass bei Makkabi alle mitspielen dürfen. Warum hebt sie diese Regel besonders hervor? Tragt in der Ethikgruppe verschiedene Gründe zusammen und haltet sie an der Tafel fest.

Jesus von Nazareth

Jesus wird geboren

Weihnachtskrippe eines unbekannten Künstlers: Geburt von Christus (Christus ist ein anderer Name für Jesus)

In der Welt von heute leben mehr als zwei Milliarden Christen.

Wir philosophieren: Mit Bildern nachdenken

Beim Nachdenken mit Bildern und über Bilder verwendet ihr auch die fünf Grundmethoden des Philosophierens (siehe die Seiten 192/193 im Anhang).

1. Schritt › Das Bild wahrnehmen und beschreiben: Was sehe ich? Was fühle ich? Was löst das Bild in mir aus?

2. Schritt › Die Form des Bildes erschließen: Wie ist das Bild aufgebaut? Welche Bildelemente gibt es? Welche Farben und Formen werden verwendet?

3. Schritt › Das Bild deuten: Was will mir das Bild sagen? Welchen philosophischen oder religiösen Gedanken bringt es zum Ausdruck?

4. Schritt › Über das Bild sprechen: Was finde ich an dem Bild wichtig? Was denken meine Mitschülerinnen und Mitschüler darüber? Gibt es Erklärungen des Künstlers zu seinem Bild?

5. Schritt › Das Bild weiterdenken: Welche Ideen fallen mir zu dem Bild ein? Kenne ich ähnliche Bilder? Wie kann ich mich weiter kreativ mit dem Bild beschäftigen.

1. Bildet kleine Gruppen und deutet das Bild von Paolo nach den vorgegebenen Schritten. Notiert euch Stichworte für die Diskussion im Plenum.

2. Lest vorher die Weihnachtsgeschichte in einer Schulbibel, zum Beispiel im Lukasevangelium (Lukas 2, 1–20).

Höhen und Tiefen im Leben von Jesus

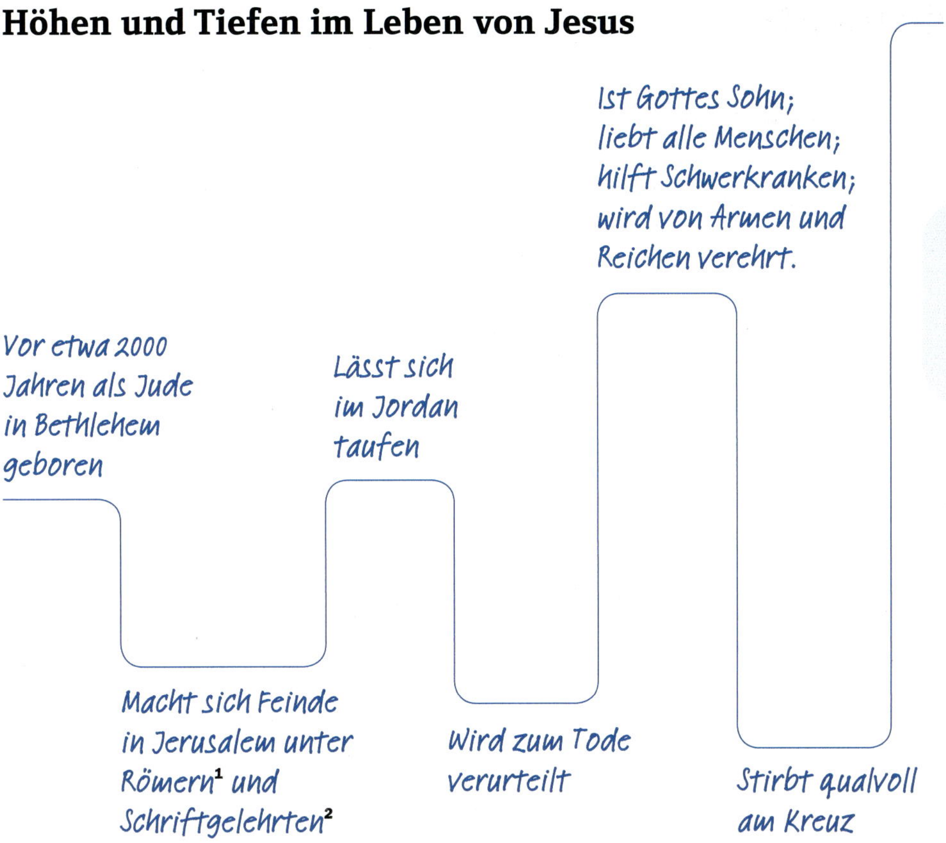

Steht drei Tage später mit Gottes Hilfe wieder auf

Ist Gottes Sohn; liebt alle Menschen; hilft Schwerkranken; wird von Armen und Reichen verehrt.

Die frohe Botschaft von Jesus: Gott steht denen bei, die an ihn glauben.

Vor etwa 2000 Jahren als Jude in Bethlehem geboren

Lässt sich im Jordan taufen

1: Die Römer herrschten vor 2.000 Jahren über alle Länder rund um das Mittelmeer, auch über Israel.

2: Schriftgelehrte waren Priester. Sie beschäftigten sich mit den heiligen Schriften der Juden, kümmerten sich aber nicht wie Jesus um die einfachen Menschen.

Macht sich Feinde in Jerusalem unter Römern[1] und Schriftgelehrten[2]

Wird zum Tode verurteilt

Stirbt qualvoll am Kreuz

Hallo Lea,
ich bin total happy. Ich habe zu Weihnachten ein neues Fahrrad bekommen, das ich mir immer schon gewünscht hatte. Vorher waren wir zum Gottesdienst in der Kirche. Der Pfarrer hat aus dem Lukasevangelium vorgelesen.
5 Und mein kleiner Bruder hat mit seiner Kita-Gruppe die Weihnachtsgeschichte gespielt. Er war Josef.
Zu Hause haben wir dann Gänsebraten gegessen und Weihnachtslieder gesungen. Mein Lieblingslied ist „Vom Himmel hoch, da komm ich her." Und weißt du, wer das gedichtet hat? Martin Luther*. Mach's gut, ich will jetzt
10 eine Runde Fahrrad fahren.
Tschüss, Clara

3. Gibt es in deinem Leben auch Höhen und Tiefen? Erzähle deinem Nachbarn oder deiner Nachbarin davon.

4. Gestaltet Lebenskurven zu Abraham und Mose (seht nach auf den Seiten 114 und 117).

5. Feiert ihr bei euch zu Hause Weihnachten? Wenn ja: Was esst ihr? Welche Lieder singt ihr? Wie findet bei euch die Bescherung statt? Geht ihr in die Kirche? – Schreibt Clara eure Beobachtungen.

Liebe schließt alle Menschen ein

Jesus und die Menschen

1: Gebiet im Norden Israels

2: Größere Gruppe von Männern und Frauen, die Jesus unterstützten. Ihr Kern bestand aus zwölf Schülern.

Jesus zog in ganz Galiläa[1] umher, lehrte in den Synagogen […] und heilte im Volk alle Krankheiten und Leiden. Und sein Ruf verbreitete sich in ganz Syrien. Man brachte Kranke mit den verschiedensten Gebrechen und Leiden zu ihm […] und er heilte sie alle.

5 Als Jesus die vielen Menschen sah, stieg er auf einen Berg. Er setzte sich und seine Jünger[2] traten zu ihm.

Die Bergpredigt

Ihr habt gehört, dass gesagt worden ist[1]: *Auge für Auge und Zahn für Zahn*
(2. Mose 21, 24). Ich aber sage euch: Leistet dem, der euch etwas Böses
antut, keinen Widerstand, sondern wenn dich einer auf die rechte Wange
schlägt, dann halt ihm auch die andere hin. Und wenn dich einer vor Gericht
5 bringen will, um dir das Hemd wegzunehmen, dann lass ihm auch den Mantel.
Und wenn dich einer zwingen will, eine Meile mit ihm zu gehen, dann geh
zwei mit ihm. Wer dich bittet, dem gib, und wer von dir borgen will, den weise
nicht ab.
Ihr habt gehört, dass gesagt worden ist: *Du sollst deinen Nächsten lieben*
10 *(3. Mose 19, 18).* Ich aber sage euch: Liebt eure Feinde und betet für die, die
euch verfolgen, damit ihr Söhne eures Vaters im Himmel werdet; denn er
lässt seine Sonne aufgehen über Böse und Gute, und er lässt (es) regnen über
Gerechte und Ungerechte.

Jesus von Nazareth *nach Matthäus 5, 38–45 (Neues Testament)*

1: Bei den kursiv hervorgehobenen Sätzen bezieht sich Jesus auf das Alte Testament. Jesus bringt auf den Punkt, was seinen Zuhörern auch aus anderen Stellen der hebräischen Bibel bekannt ist, zum Beispiel: „Wenn dein Feind hungrig ist, gib ihm Brot zu essen; dürstet ihn, so reiche ihm Wasser zu trinken […] und der Ewige wird es dir lohnen."
Sprüche 25, 21 und 22

Heutiger Ausblick vom Ort der Bergpredigt in Israel

2: Gemeint ist: die Bereitschaft, an Gott zu glauben

3: *Markus, 2, 17b*

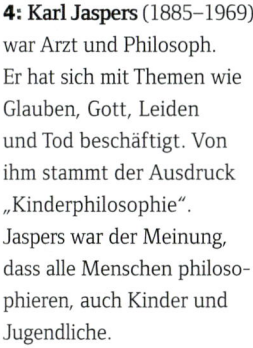

4: Karl Jaspers (1885–1969) war Arzt und Philosoph. Er hat sich mit Themen wie Glauben, Gott, Leiden und Tod beschäftigt. Von ihm stammt der Ausdruck „Kinderphilosophie". Jaspers war der Meinung, dass alle Menschen philosophieren, auch Kinder und Jugendliche.

An wen wandte sich Jesus?

Grundsätzlich an jeden Menschen. Alle sind ihm recht. Es kommt nur darauf
an, ob die innere Erleuchtung aufgeht[2], durch die der Glaubende sieht und
liebt. Jesus hat aber eine bevorzugende Neigung für die Armen, die Ausgestoßenen, die Sünder […]. „Nicht die Starken bedürfen des Arztes, sondern
5 die Kranken; nicht Gerechte zu rufen, bin ich gekommen, sondern Sünder."[3]

Karl Jaspers[4], *deutscher Philosoph*

1. Karl Jaspers nennt Jesus in seinem Buch „Die großen Philosophen" ein Vorbild für alle Menschen. Sucht Gründe für dieses Lob.

🦉 Warum möchte Jesus, dass wir alle Menschen lieben, nicht nur die guten und gerechten? Warum interessiert er sich vor allem für die Sünder, die Armen und Ausgestoßenen? Sprecht darüber in der Klasse.

Kann man auch Feinde lieben?

„Liebe bringt Liebe hervor"

1: Teresa von Ávila (1515–1582) fügte ihrem Namen „de Jesus" bei. Sie lebte in einem Kloster, weil sie nicht den Mann heiraten wollte, den ihr Vater für sie ausgesucht hatte.

Denn wenn der Herr (Gott) uns erst einmal die Gnade schenkt, dass sich diese Liebe in unser Herz einprägt, dann muss uns alles leichter fallen, und wir werden in sehr kurzer Zeit und ganz mühelos viel erreichen.

Teresa von Ávila[1], *spanische Philosophin und Theologin*

Jedem Gutes tun

Du sollst jedermann, da wo du kannst, Gutes tun und keinen Unterschied machen zwischen Guten und Schlechten. Es heißt in der Überlieferung: „Tue Gutes jedem, dem du es tun kannst; ist er der Wohltat unwürdig, so bist du ihrer würdig. […]"

5 Wenn du heimgesucht bist durch den Umgang mit einem schlechten Menschen, so sollst du dich freundlich und höflich zu ihm stellen, um seiner Bosheit zu entgehen und nicht grob zu ihm sein.

Al Ghasali[2], *persisch-islamischer Philosoph*

2: Al Ghasali (1058–1111) gehörte zu den wichtigsten Denkern der islamischen Welt. Er verzichtete auf allen Reichtum und begab sich auf Wanderschaft, um Gott zu finden.

Liebe hilft, Feindschaft zu überwinden

Feindesliebe bedeutet nicht, die Feindschaft von Menschen dem Konkurrenten, aber auch dem Schwächeren gegenüber zu leugnen und so zu tun, als gäbe es keine Feinde des Lebens. Die verhungernden Kinder dieser Welt, die Fische, die Bäume haben reale „Feinde", und Jesus würde ganz mit Bertold Brecht

3: Dorothee Sölle (1929–2003) war eine evangelische Theologin und Dichterin. Sie setzte sich insbesondere für die Armen in Lateinamerika ein.

5 übereinstimmen, wenn er sagt: „Das Böse hat eine Adresse. Es hat eine Telefonnummer." Sein Volk, das jüdische, wurde von Rom unterdrückt. Feindesliebe bedeutet, auch dem Feind die Fähigkeit zur Umkehr, die Sinnesänderung, das andere

10 Verhalten zuzutrauen. Die Liebe ignoriert die Feindschaft nicht, sie macht vielmehr fähig, sie zu überwinden.

Dorothee Sölle[3] *und* **Luise Schottroff**[4]

4: Luise Schottroff (1934–2015) lehrte Theologie an der Universität Kassel. Sie erforschte vor allem die Bibel.

Ich sage nein

Nein, wenn einer meine linke Wange schlägt
halt ich ihm nicht noch die rechte hin
und es hat mich immer wieder aufgeregt,
wenn ich irgendwann erniedrigt worden bin.

5 Und ich seh nicht ein, dass ich
meinen Feind noch lieben soll,
wenn der seine Waffe auf mich richtet.
Und ich halte es durchaus für würdevoll,
wenn ein Sklave seinen Peiniger vernichtet.

10 Mensch, solange wir die Welt
mit unsern Feinden teilen,
darf man nicht mit bloßen Händen stehn,
dass die Wunden der Erfahrung uns nicht heilen
und nicht schlimmre Wunden uns entstehn.

15 […]

Wenn du glaubst, Verzicht auf Kampf
wär höhere Gerechtigkeit
Und du trägst dies alles mir Geduld,
sollst du wissen, an der schlimmsten Grausamkeit
20 trägst du selber ja die größte Schuld.
Bettina Wegner[1], *Liedermacherin*

1: Bettina Wegner
(geb. 1947) hat viele Lieder geschrieben. Berühmt wurde sie 1978 mit einem Lied über Kinder „Sind so kleine Hände", das auch in den USA und in Westeuropa internationale Anerkennung fand. Weitere Lieder zum Umgang mit Feinden sind „Das Lied vom Messer" und „Waffenlos". Mit 20 Jahren musste Bettina Wegner in der ehemaligen DDR ins Gefängnis. Sie hatte gegen den Einmarsch russischer Truppen in Prag protestiert.

1. Beurteilt die verschiedenen Experten-Meinungen. Welche überzeugt euch am meisten? Begründet eure Entscheidung.

2. Schreibt einen Blogeintrag oder Brief an Teresa, Al Ghasali, die beiden Theologinnen oder an Bettina Wegner. Erklärt ihnen, wie ihr über Feind und Freund denkt.

3. Bettina Wegner meint, wer nicht kämpft, trägt eine Mitschuld an Gewalt. Stimmt ihr zu? Begründet eure Meinung.

🦉 Auch unter Kindern gibt es Möglichkeiten, aus Feinden Freunde zu machen. Wie geht das? Lest dazu die Seiten 90/91 („Immer gewaltlos gegen Gewalt?") und Seite 128 („Kann man auch Feinde lieben?"). Erarbeitet nach der Kugellagermethode (Seite 179) einen Vorschlag.

Warum ist Mohammed so berühmt?

● ● ●

Weltweit gibt es ungefähr 1,6 Milliarden Muslime; etwa fünf Millionen von ihnen leben in Deutschland.

Liebe Lea,

vielen Dank für den schönen Geburtstag in der Laubhütte. Ich wollte dich und Clara in der nächsten Woche zu unserem Zuckerfest einladen. Meine Eltern haben schon „Ja" gesagt. Und dann erzähle ich euch etwas über unseren
5 Propheten Mohammed aus Mekka. Er war ein erfolgreicher Kaufmann und zog jahrelang als Händler umher. Und was dann zwischen ihm und Allah geschah, erfahrt ihr auf dem Zuckerfest.
Bis dahin, Mehmet

Mohammed wird Prophet und Gesandter

Tahar Ben Jelloun [1] *ist gläubiger Muslim aus Marokko. Er spricht oft mit seinen Töchtern über Mohammed und den Islam.*

1: **Tahar Ben Jelloun** wurde 1944 in Fes in Marokko geboren und lebt heute in Paris. Er unterrichtete zunächst Philosophie, bevor er Schriftsteller wurde. Sein Buch „Papa, was ist der Islam?" wurde in 20 Sprachen übersetzt.

2: Hier: nachsprechen, vortragen

Frage: Wie ist Mohammed denn Religionsgründer geworden?
Tahar: Er hat es nicht vorher gewusst. Er war ein diskreter, vernünftiger Mensch. Er muss wohl gespürt haben, dass er anders war als die anderen. Er zog sich oft in der Umgebung von
5 Mekka in die Berge zurück. Dort hielt er sich in einer Grotte auf, dachte nach und sinnierte über das Leben, die Natur, das Gute und das Böse. Er meditierte.
Frage: Was bedeutet MEDITIEREN?
Tahar: Das heißt tief nachdenken, nach dem Sinn des Lebens forschen. Vor
10 langer Zeit bedeutete dieses Wort „einen Kranken pflegen". Mohammed muss in der Stille und Einsamkeit ein Heilmittel für das Leben gesucht haben, in dem manche arm und andere reich, manche gesund, andere schwach und krank sind.
Frage: Aber was konnte er denn für die unglücklichen Leute tun?
15 *Tahar:* Er dachte nach und suchte nach einem Weg, sie ein wenig glücklicher zu machen. Eines Tages oder vielmehr eines Nachts, als er in einer Grotte auf dem Berg Hira war, hatte er eine Vision. Das heißt, er sah ein sehr starkes, schönes Licht vor sich, das zu ihm sprach. Es war ein mächtiger Engel, der ihm zu lesen gebot. Der Engel sagte: „Lies!" Doch Mohammed, der zu jenem
20 Zeitpunkt vierzig Jahre alt war, antwortete: „Ich kann nicht lesen!" Er war, wie du weißt, ja nicht zur Schule gegangen und konnte daher weder lesen noch schreiben. Da forderte der Engel, Gabriel hieß er, ihn auf, ihm nachzusprechen: „Rezitiere [2] im Namen deines Herrn, der geschaffen hat! Geschaffen hat er den Menschen [...]. Rezitiere! Dein Herr ist der edelmütigste, der
25 durch das Schreibrohr gelehrt hat, den Menschen gelehrt hat, was er nicht wusste!" (96. Sure: Der Embryo) Mohammed war aufgewühlt und zitterte, doch er wiederholte die Worte des Engels Gabriel. [...]

Frage: Was heißt SCHREIBROHR?

Tahar: Das arabische Wort hier ist „Kalam", das ist das Schilfrohr, aus dem
30 man einen Stift oder eine Feder zum Schreiben schnitzte.

Tahar Ben Jelloun

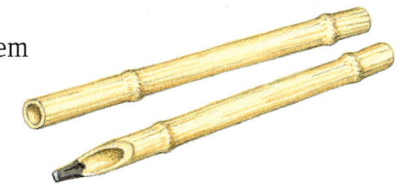

Wissen und Merken: Was heißt Islam?

Der Islam wurde von Mohammed begründet, der um 570 n. Chr. in Mekka,
im heutigen Saudi-Arabien, geboren wurde. Islam heißt „Hinwendung zu
Gott". Allah bedeutet auf Arabisch „der Gott". Damit geht der Islam wie die
jüdische und christliche Religion davon aus, dass es nur einen einzigen Gott
5 gibt. Man nennt diese drei Religionen deshalb monotheistisch.
Für Muslime ist der Koran das Wort Allahs. Sie glauben, dass mit Mohammed
der letzte der von Allah gesandten Propheten und Gesandten nach Noah,
Abraham (Ibrahim), Musa (Mose) und Isa (Jesus) gekommen ist. Die Bibel mit
der Torah und den Evangelien wird als Wort Allahs teilweise anerkannt; aber
10 erst mit Mohammed, so steht es im Koran, hat Allah seine vollständige
Offenbarung zu den Gläubigen gesandt.

Jeder Muslim und jede Muslima sollte
mindestens einmal im Leben nach
Mekka pilgern. Dort befindet sich im
15 Innenhof der Heiligen Moschee die
Kaaba. Muslime glauben, dass Adam
den schwarzen Würfel als erstes
Gotteshaus erbauen ließ. Abraham
(Ibrahim) und sein Sohn Ismael (siehe
20 Seite 114) errichteten die Kaaba später
neu, so wird erzählt. Sie ist daher
für Muslime das wichtigste Gebäude
der Welt. Und darum beten sie von
jedem Ort der Welt aus in ihre Rich-
25 tung. Diese wird in den Moscheen
durch den Mirhab (Gebetsnische) an-
gezeigt. Die Kaaba und andere heilige
Stätten von Mekka dürfen nur von
Muslimen betreten werden.

Mohammeds Leben
570 in Mekka geboren
610 Offenbarung am Berg
Hira: Verbreitung des
Glaubens in Mekka,
Ablehnung und
Verfolgung
622 Flucht nach Yathrib,
heute Medina, Stadt
des Propheten
632 Tod Mohammeds

---

1. Gestalte in deinem Heft eine Lebenskurve zu
den Höhen und Tiefen im Leben Mohammeds
(siehe die Kurve zu Jesus auf der Seite 125).

2. Erkläre mit eigenen Worten, was eine monotheistische Religion ist.

🦉 Mohammed hat in der Einsamkeit nach dem
Sinn des Lebens gesucht. Was ist für dich im
Leben wichtig? Male oder schreibe dazu. Stellt
eure Ideen anschließend in der Klasse vor.

Dialog¹ der Religionen

1: Gespräch, Gedankenaustausch, Diskussion

Das Opferfest ist das wichtigste islamische Fest. Es erinnert an Abraham (Seite 115), der für Gott bereit war, seinen Sohn zu opfern. Gott hielt ihn im letzten Moment zurück. Abraham dankte es Gott mit einem Opferlamm. Dies wird von den Muslimen gefeiert: *www.religionen-entdecken.de*

In Hannover gibt es seit dem Jahr 2005 das „Haus der Religionen". Dort werden gemeinsam Feste gefeiert und Führungen an heilige Orte angeboten: *www.haus-der-religionen.de*

Mehmets Familie feiert das Ramadanfest („Zuckerfest")

Mehmet ist mindestens einmal im Jahr die Nummer Eins in seiner Klasse. Er hat einen Tag schulfrei und bringt anschließend für alle Schülerinnen und Schüler jede Menge Süßigkeiten mit in die Schule. Seine Familie feiert dann mit allen Muslimen auf der ganzen Welt das Zuckerfest.

5 Dieses Fest ist die Belohnung dafür, dass Mehmets Familie und auch alle anderen Muslime vier Wochen lang im Ramadan gefastet haben. Mehmet muss als Kind noch nicht fasten, aber er verzichtet zumindest auf sein Pausenbrot, um sich auf das spätere Fasten vorzubereiten. Und Süßigkeiten sind tagsüber in dieser Zeit auf jeden Fall tabu, dafür gibt es dann auf dem Zuckerfest am 10 Ende des Ramadans umso mehr.

Während des Ramadans essen und trinken die Muslime nichts, solange die Sonne am Himmel steht. Im Winter ist das kein Problem – da sind die Tage kurz. Aber im Sommer bei 30 Grad und mehr ist das Fasten ganz schön hart! Dann klingelt bei Mehmets Familie der Wecker nachts um Drei, damit alle 15 vor Sonnenaufgang noch schnell etwas essen und trinken können. Weil der Mond den islamischen Kalender bestimmt, sind die Monate kürzer als bei uns, und der Ramadan wandert durch die Jahreszeiten. Während des Fastens bemühen sich Muslime darum, weniger zu arbeiten und freundlich zueinander zu sein. Dadurch wollen sie Gott ein Stück näher kommen. Reisende, 20 schwangere Frauen, Kinder sowie alte und kranke Menschen müssen nicht fasten.

Am Ende des Ramadans feiern Muslime drei Tage lang ein Fest. Darauf freut sich Mehmet schon das ganze Jahr. Zum Fest des Fastenbrechens (arabisch *Id al-fitr*) verschickt Mehmets Familie viele Einladungen. In diesem Jahr dürfen 25 auch Lea und Clara kommen. Gemeinsam mit Mehmet werden sie mit Süßigkeiten belohnt. Deshalb wird *Id al-fitr* auch Zucker- oder Bonbonfest genannt.

Eine muslimische Familie genießt das nächtliche Fastenbrechen während des Ramadans.

Fünf Säulen des Islam

Shahada	Salat	Saum	Sakat	Hadsch
Glaubens-bekenntnis	*Gebet, fünfmal am Tag*	*Fasten im Ramadan*	*Spenden von Almosen*	*Pilgerfahrt nach Mekka*

Wissen und Merken: Gebote

Die Zehn Gebote gelten für das Juden- und Christentum; im Islam müssen die Gläubigen fünf Gebote erfüllen.

Die goldene Regel

Wenn du die Menschen auf der Welt fragst, wonach sie sich am meisten sehnen, dann bekommst du fast überall dieselbe Antwort: Liebe, Glück und Frieden auf der Welt. Diese drei Dinge stehen an erster Stelle und genau sie sind auch ein gemeinsames Ziel aller Religionen. Allerdings versuchen die
5 Religionen es auf unterschiedlichen Wegen zu erreichen. Jede von ihnen hat ihre eigenen Schriften, Feste und Alltagsregeln. Darum wirken sie manchmal fremd auf uns. Damit wir uns näherkommen, ist es sehr wichtig, dass wir Menschen miteinander reden und viel übereinander erfahren. Zum Glück feiern die Gemeinden verschiedener Religionen seit einigen Jahren immer
10 häufiger zusammen Feste oder laden zu gemeinsamen Veranstaltungen ein. Dort lernen sich die Mitglieder kennen und schließen Freundschaften. Das nennt man „Dialog der Religionen". Eine Regel haben übrigens alle Religionen gemeinsam. Sie heißt „Goldene Regel". Aus ihr ist dieses Sprichwort entstanden: „Was du nicht willst, dass man dir tu, das füg auch keinem andern zu."
Jane Baer-Krause

1. Fragt muslimische Mitschülerinnen und Mitschüler, wie sie das Zuckerfest feiern und welche Speisen sie essen.

2. Vergleicht die fünf Säulen des Islam mit den Zehn Geboten (Seite 117). Unter *www.religionen-entdecken.de* findet ihr eine ausführliche Beschreibung der fünf Säulen.

3. Projektvorschlag: Findet heraus, wie in den drei großen Religionen die Goldene Regel jeweils formuliert wurde (*www.religionen-entdecken. de*). Informiert euch darüber, ob und wo es in Deutschland weitere Häuser der Religionen gibt.

🦉 Wozu fordert die Goldene Regel die Menschen auf?

Wissen und Verstehen:
Religionen entdecken

Das weiß ich: Diese Namen und Begriffe kann ich ordnen

Der Ewige

Abraham

Al Ghazali

Bibel

Allah

Davidstern

Moses Maimonides

Gott

Fünf Säulen des Islam

Goldene Regel

Teresa von Ávila

Ibn Ruschd

Weihnachtsfest

Kirche

Halbmond

Monotheistische Religionen

Karl Jaspers

Synagoge

Koran

Liebe und Feindesliebe

Laubhüttenfest (Sukkot)

Mohammed

Jesus

Moschee

Mose

Zehn Gebote

Torah

Kreuz

Zuckerfest (Id al-fitr)

1. Bildet kleine Gruppen und baut ein Begriffsmolekül* zum Thema „Monotheistische Religionen". Versucht, so viele Begriffe wie möglich zu verwenden. Präsentiert anschließend eure Arbeit in der Gesamtgruppe.

Darauf kommt es an: Schriften, Orte, Religionsstifter

Heilige Schriften der drei großen monotheistischen Religionen sind die Torah, die Bibel und der Koran. Sie enthalten Geschichten über Gott und die Welt, Bekenntnisse und Gebete sowie ethische Gebote.

Heilige Orte bieten Gläubigen die Möglichkeit, gemeinsam mit anderen ihrem Gott nahe zu sein. Hierzu gehören Gotteshäuser wie Moscheen, Kirchen oder Synagogen, aber auch Flüsse, Tempel und sogar Berge wie der Berg Hira in der Nähe von Mekka.

Die drei monotheistischen Religionen sind eng mit den Namen **Abraham**, **Mose**, **Jesus** und dem **Propheten Mohammed** verknüpft. Es wird erzählt, dass diese Männer beauftragt worden sind, Botschaften Gottes in ihrer Umgebung zu verbreiten.

Das Christentum wurde durch **Jesus von Nazareth** geprägt, den seine Anhänger als **Christus** verehren. Jesus zog durch Israel, um seine Mitmenschen zur Gottes- und Menschenliebe zu bewegen – über sein Leben und Wirken, Tod und Auferstehung berichtet das Neue Testament der Bibel.

Das kann ich: Eine Collage* über Jerusalem gestalten

Die Stadt Jerusalem liegt in Israel/Palästina. Dort soll Gott im letzten Moment Abraham daran gehindert haben, seinen Sohn zu opfern. In Jerusalem besiegte Jesus nach dem Glauben der Christen den Tod. Und Muslime glauben, dass Mohammed dort seine Himmelsreise angetreten hat. Außerdem haben sich in dieser Stadt noch mehr Dinge ereignet, die man sich unter den Gläubigen immer wieder erzählt. Die Geschichten stehen auch in den heiligen Schriften dieser Religionen. Daher ist Jerusalem für Juden, Christen, Muslime und auch für andere Menschen sehr wichtig.

Juden besuchen in Jerusalem die Klagemauer. Sie ist der Rest einer Befestigungsmauer, die den ersten und später den zweiten Tempel umgab. Im ersten Tempel stand eine sehr wichtige Truhe – die Bundeslade mit den Zehn Geboten, die Mose nach dem Glauben der Juden, Christen und Muslime auf dem Berg Sinai von Gott erhalten hat. Die Tempel wurden zerstört und die Bundeslade gestohlen.

Christen zieht es in Jerusalem in die Grabeskirche. Viele glauben, dass Jesus an dieser Stelle am Kreuz gestorben, begraben und von den Toten auferstanden ist. Muslime glauben, dass Mohammed von Jerusalem aus für eine Nacht in den Himmel reiste. Dort, so wird erzählt, bat er Allah, die täglichen Gebete auf fünf zu beschränken. Allah stimmte zu. Heute steht auf dem Tempelberg der prächtige Felsendom der Muslime. Er erinnert an dieses Ereignis.

Nach **Jane Baer-Krause**

2. Sucht zu den heiligen Stätten Jerusalems Fotos aus dem Internet und gestaltet dazu eine Collage*. Informiert euch auch über die Geschichte der Stadt, zum Beispiel bei *www.blinde-kuh.de*.

Kapitel 9:
Ist die Natur unsere Mitwelt?

Der Mensch sollte Tiere nicht mit zweierlei Maß messen.
Barbara Brüning, Philosophin

Beschreibt das Verhältnis zwischen Mensch und Tier.
Beachtet auch den Gedanken von Barbara Brüning.

In diesem Kapitel lernst du
– das Leben von Pflanzen
  und Tieren wahrzunehmen
– die kleinsten Bausteine
  des Lebens kennen
– die Begriffe „Evolution",
  „Natur" und „Nachhaltigkeit"
  zu deuten

Dabei nutzt du
– Projekte, zum Beispiel zu
  bedrohten Tieren
– die Methode der
  Standpunktrede
– die vier Grundpositionen
  des Verhältnisses zwischen
  Mensch und Natur
– Kenntnisse aus Biologie und
  Geschichte

**Du beurteilst und
bewertest**
– Merkmale des Lebens
– das Verhältnis zwischen
  Mensch und Natur
– Golems und Androiden

Tiere gehören zu unserem Leben

Pablo Picasso: Mädchen mit Taube (1901)

Bastian, der Hund und das Leberwurstbrot

Bastian und Hannah gehen von der Schule nach Hause. Bastian hat Hunger
und beißt genüsslich in ein Leberwurstbrötchen, das er noch von seinem
Pausenbrot übrighat. „Morgen habe ich Geburtstag", sagt er mit vollem
Mund aufgeregt zu Hannah, „und dann bekomme ich endlich meinen lang-
5 ersehnten Hund, einen Dobermann. Dann werden wir zu zweit durch die
Gegend streifen!"

Hannah denkt einen Augenblick nach und sagt fast schon etwas traurig:
„Aber, dann hast du ja weniger Zeit für mich."
„Ja, schon", meint Bastian, „aber ich habe dann auch einen Freund mehr."
10 „Kann denn ein Hund ein richtiger Freund sein?" Hannah schaut Bastian
etwas verblüfft an. Mit dieser Antwort hatte sie wohl nicht gerechnet.
„Ich weiß nicht so recht, ob ein Hund ein Freund sein kann. Ich wollte dir
eigentlich nur sagen, dass ich mich auf meinen Hund freue, weil ich Tiere
gern mag."
15 Hannah zieht die Augenbrauen hoch und meint etwas verdutzt: „Und warum
isst du dann ein Leberwurstbrot?"

Barbara Brüning

Wir philosophieren: Eine Standpunktrede halten

1. Schritt >	den eigenen Standpunkt formulieren:	**Ich bin der Meinung, dass** … Tiere Gefühle haben.
2. Schritt >	eine Begründung geben:	**weil** … sie können sich freuen und traurig sein.
3. Schritt >	ein Beispiel anführen:	**So kann zum Beispiel** … mein Hund mit dem Schwanz wedeln, wenn er sich freut.
4. Schritt >	Ergebnis formulieren/Fazit ziehen:	**Deshalb komme ich zu dem Ergebnis** … Menschen sollten Tieren nicht wehtun.
5. Appell >		**Daher sollten** … wir keine Tierversuche machen, durch die Tiere Schmerzen erleiden.

1. Was fällt euch auf dem Bild besonders auf? Achtet auch auf das Gesicht und den Körperausdruck des Mädchens.
2. Was erzählt euch das Bild über die Beziehung zwischen dem Mädchen und der Taube?
3. **Projektvorschlag:** Malt ähnlich wie Picasso ein Bild: *Ich mit* …

4. Was könnte Bastian Hannah antworten? Sammelt an der Tafel verschiedene Vorschläge.
🦉 Ist es ein Widerspruch, Tiere gern zu haben und ein Leberwurstbrot zu essen? Diskutiert darüber in der Klasse und lest dazu auch die Seiten 164/165 („Fleisch essen oder vegetarisch leben?")

Dürfen Menschen Tiere töten?

Der Mensch ist ein Allesfresser

Richard David Precht ist ein deutscher Philosoph. Er hat viele Bücher geschrieben. In seinem Buch „Warum gibt es alles und nicht nichts?" philosophiert er mit seinem Sohn Oskar über Freundschaft, Tiere und andere schwierige Fragen (siehe auch Seite 17).

Wenn unsere Vorfahren in der afrikanischen Savanne kein Fleisch gegessen hätten, wären sie wahrscheinlich ausgestorben. Es gab nicht genug Früchte und Pilze und was man sonst so essen konnte. In der Steinzeit haben sie Auerochsen und Mammuts gejagt und ihr Fleisch verzehrt. Und später haben Hirten und Bauern Schafe und Ziegen, Rinder und Schweine gezüchtet, um sie zu essen. Die Menschen der Vorzeit und auch viele Naturvölker hätten niemals überlebt, wenn sie sich nicht unter anderem auch von Fleisch ernährt hätten. Von Natur aus ist der Mensch zwar kein Raubtier, aber ein Allesfresser wie zum Beispiel ein Bär …

Oder ein Dachs.

Genau. Ist das nicht ein überzeugender Grund, warum wir Fleisch essen dürfen? Ich könnte sagen: Die Natur hat uns so gemacht.

Mammutjagd unserer Vorfahren in der Steinzeit

🦉 Verantwortung übernehmen

Lest den folgenden Text von Albert Schweitzer[1] sehr aufmerksam, denn manche Sätze sind ziemlich lang.

1: Albert Schweitzer
(1875–1965) war Philosoph, Arzt, Musiker und Theologe. Er lebte hauptsächlich in Afrika, um dort kranken Menschen zu helfen. Bereits als Junge hatte er sich geweigert,
an einer Mutprobe teilzunehmen und Spatzen mit Schleudern von Bäumen zu schießen. Deshalb wurde er von Jungen aus seinem Dorf im Elsass verprügelt.

Um mein Haus in Afrika standen Palmen, von denen die Nester der Webervögel herunterhingen. Wenn die Jungen ausgekrochen waren, kamen große Habichte und fraßen sie unter dem Wehgeschrei der Alten. Dieses Leid gab mir das Recht, den Räuber zu töten. Aber wenn wir an einer Sandbank vor-
5 beifuhren, auf der ein Kaiman schlief, schoss ich nicht auf ihn, wie die andern es sonst taten - sie taten es aus Sport -, obwohl ich mir ausrechnete, was er in der Nacht unter den Fischen für Verheerungen anrichtete, weil ich ihn nicht auf der Tat antraf und nicht die Schuld auf mich nehmen wollte, dass er verwundet ins Wasser tauchte und dort litt. Entscheidungen können so oder so
10 ausfallen, wenn du nur nach Verantwortung und Gewissen handelst – und nicht nach Gedankenlosigkeit –, bist du im Recht.

Unserer Verantwortung bewusst werden, heißt auch, dass, wo etwas mit einem Tier in unserm Tatbereich geschieht, wir alles tun, um Weh zu verhüten. Für viele Menschen existiert das Weh nicht, wenn sie es nur nicht anzusehen
15 brauchen. Sie flüchten sich und bedenken nicht, dass sie gerade mit diesem Nicht-Ansehen-können schuldig werden.
Albert Schweitzer

1. Warum müssen sich Menschen nach Meinung von Richard David Precht von Fleisch ernähren?

2. Wann darf ein Mensch nach Ansicht von Albert Schweitzer ein Tier töten – und wann nicht?

3. Welchen Standpunkt vertretet ihr? Begründet ihn. Lest hierzu auch die Seiten 139.

🦉 Was heißt es für euch, das Leben zu achten? Gestaltet dazu ein Kugellager (seht nach auf Seite 179).

Exklusiv:
Sterben manche Pflanzen und Tiere aus?

Hilla, Schülerin in Hamburg, hat dem WWF[1] die folgenden Fragen gestellt.

1: Die Naturschutzorganisation „World Wide Fund for Nature" (WWF) ist in über 100 Ländern der Welt aktiv. Sie hat seit über 50 Jahren auch einen Sitz in Deutschland. Der WWF sieht seine wichtigste Aufgabe darin, bedrohte Pflanzen und Tiere auf der ganzen Welt zu schützen.

2: IUCN steht für „International Union for Conservation of Nature". Die Union wurde 1948 gegründet und hat ihren Sitz in Gland in der Schweiz: *www.iucn.org*

1. Welche Tiere sind vom Aussterben bedroht?
Insgesamt stehen heute (2017)weltweit über 79.800 Tier- und Pflanzenarten auf der Roten Liste der vom Aussterben bedrohten Tier- und Pflanzenarten. Diese Liste wird von der Weltnaturschutzunion IUCN[2] jährlich aktualisiert.
5 In Deutschland werden Pflanzen und Tiere in getrennten Listen geführt. Insgesamt sind bei uns bislang fast 40.000 Tier- und Pflanzenarten bewertet worden. Über ein Viertel davon gilt als bedroht. Dazu gehören beispielsweise der Braunbär, der Fischotter, der Wolf, das Birkhuhn und der Adler.

2. Wodurch sterben diese Tiere aus?
10 Die natürlichen Lebensräume vieler Tierarten werden zerstört, wenn Wälder gerodet oder Bodenschätze abgebaut werden. Tiere sterben auch aus, wenn ihre Lebensräume, zum Beispiel Meere, verschmutzt werden oder Menschen illegal mit Wildtieren, zum Beispiel Falken, handeln. Und schließlich trägt auch die Veränderung des Klimas durch Meereis-Schmelze zum Aussterben
15 vieler Arten wie der Eisbären bei.

3. Welche Tierarten sind bereits ausgestorben?
Die Rote Liste der Weltnaturschutzunion listet 86 Säugetierarten sowie 130 Vogelarten auf, die seit dem Jahr 1500 weltweit ausgestorben oder
20 mutmaßlich ausgestorben sind. Dazu gehören unter anderem:
1681: Flugunfähiger Nachtvogel
1786: Stellers Seekuh
1844: Riesenalk (flugunfähiger Vogel)
25 1876: Falklandfuchs
1914: Wandertaube
1922: Berberlöwe
1952: Karibische Mönchsrobbe
1980: Java-Tiger
30 2010: Annamitisches Java-Nashorn

Sumatra-Tiger sind die einzigen noch lebenden „Inseltiger", während die Bali- und Java-Tiger auf den Nachbarinseln bereits ausgestorben sind.

4. Woran merkt man, ob eine Tierart vom Aussterben bedroht ist?

Die Roten Listen werden nach einem bestimmten Schlüssel erstellt. Dieser gibt an, wann eine Tierart in eine sogenannte Vorwarnliste oder in eine höhere Gefährdungsliste aufgenommen wird. Bewertet wird nach folgenden Kategorien: **gefährdet**, **stark gefährdet**, **vom Aussterben bedroht**, **in der Wildnis ausgestorben** und **ausgestorben**. Um die Listen zu erstellen, wird in regelmäßigen Abständen der Bestand der entsprechenden Tierart im Freiland geprüft und mit früheren Informationen verglichen. Wenn sich durch diesen Vergleich herausstellt, dass sich der Bestand der jeweiligen Tierart geändert hat, kann sie höher oder niedriger eingestuft werden.

Janika Roth[1]: Bedrohte Natur, 2014

1: **Janika Roth** (geb. 1983) gehört zur Hamburger Künstlergruppe „Die Schlumper". Dort arbeiten Künstlerinnen und Künstler mit Behinderung zusammen (siehe auch die Seiten 40/41): *www.schlumper.de*

5. Gibt es weltweit eine zentrale Stelle, an die von den Ländern gemeldet wird, dass eine Tierart vom Aussterben bedroht ist?

Es gibt die Weltnaturschutzunion, die auf internationaler Ebene die Roten Listen erstellt. Dafür werten die Expertengruppen dieser Organisation auf einer strengen wissenschaftlichen Grundlage alle Informationen über die bedrohten Tierarten aus.

6. Können wir Kinder helfen?

Kinder (aber natürlich auch Erwachsene) können Einfluss auf den Schutz der Lebensräume wildlebender Tierarten nehmen, zum Beispiel

– durch einen bewussten Einkauf nachhaltig produzierter Lebensmittel und die Vermeidung von Müll (zum Beispiel keinen Abfall in die Umwelt werfen);

– durch umweltverträgliches Reisen und Verzicht auf Souvenirs[2] aus fernen Ländern (zum Beispiel Schnitzereien aus Elefanten-Elfenbein);

– indem ihr euch mit Gleichgesinnten zusammentut, um über aussterbende Tiere zu berichten oder Aktionen durchzuführen;

– indem ihr euch bei einer Umweltschutzorganisation engagiert.

2: Mitbringsel, Andenken

1. Informiert euch über den „World Wide Fund for Nature". Dort gibt es auch eine Jugendseite: *www.wwf.de*.

2. Findet heraus, welche anderen Naturschutzorganisationen sich in Deutschland mit dem Artenschutz beschäftigen. Haltet dazu Kurzreferate.

3. **Projektvorschlag** in Zusammenarbeit mit dem Biologieunterricht: Sprecht mit einem Förster oder einer Försterin aus eurer Gegend über den Schutz bedrohter Tierarten. Was wird in eurer Gegend konkret unternommen? Gestaltet dazu eine Wandzeitung.

Die kleinsten Bausteine des Lebens

Harmonisch mischen

Wenn Maler bunte Gemälde anfertigen und die vielen Farben mit ihren Händen harmonisch mischen, indem sie von der einen mehr und von der anderen weniger nehmen, so entstehen daraus Gestalten wie zum Beispiel Bäume, Männer und Weiber, wilde Tiere und Vögel, Fische des Wassers oder auch
5 lang lebende Götter, die hochgeehrt sind. So wie in der Kunst, geschieht es auch in der wirklichen Welt: alles entsteht aus gemischten Elementen. [...]

Auch beim Menschen mischen sich diese Elemente und treten ans Licht. Dafür verwenden wir das Wort „Entstehung".

Nach **Empedokles**[1], *griechischer Philosoph*

1: Empedokles (490–430 v. Chr.), wurde auch der „Windwehrer" genannt. Er ließ Felle um Berge spannen, um den Wind aufzufangen. Über sein Leben ist wenig bekannt.

Wie verändert sich die Natur?

Nachdem Empedokles aufgezeigt hat, dass die Veränderungen der Natur dadurch entstehen, dass sich die vier Elemente vermischen und wieder trennen, bleibt noch immer eine Frage offen: Was ist die Ursache dafür, dass die Stoffe sich zusammenfügen, damit neues Leben entsteht? Und was sorgt dafür, dass
5 die „Mischung", eine Blume zum Beispiel, sich wieder auflöst?
Empedokles meinte, dass in der Natur zwei verschiedene Kräfte wirken müssen. Diese Kräfte nannte er Liebe und Streit. Was die Dinge verbindet, ist die Liebe, was sie auflöst, der Streit.
Empedokles unterscheidet also zwischen Stoff und Kraft. Es lohnt sich, wenn
10 wir uns das merken. Noch heute unterscheidet die Wissenschaft Grundstoffe und Naturkräfte. Die moderne Wissenschaft glaubt, alle Naturprozesse als Zusammenspiel zwischen den verschiedenen Grundstoffen und einigen wenigen Naturkräften erklären zu können.

Jostein Gaarder[1], *norwegischer Schriftsteller und Philosoph*

1: Jostein Gaarder (geb. 1952) entdeckte als Philosophielehrer, dass Kinder sehr viele Fragen an die Welt stellen. Deshalb schrieb er für sie sein berühmtes Buch „Sofies Welt. Gaarder erklärt dort die Geschichte der Philosophie (siehe auch Seite 102).

ERDANZIEHUNGSKRAFT

KLEINSTE TEILCHEN (ELEMENTE) WIE ZUM BEISPIEL GOLD, SILBER, SAUERSTOFF

Wissen und Merken: Kleinste Teilchen

Heute wird der Begriff Elemente für kleinste Teilchen verwendet, aus denen alle Dinge des Lebens bestehen. Sie heißen Atome und setzen sich aus Elektronen und Protonen zusammen. Je nach dem Mischungsverhältnis dieser Teilchen gibt es eine Liste mit 118 chemischen Elementen, die ihr im Chemieunter-
5 richt kennen lernen werdet. In dieser Liste sind beispielsweise Blei, Gold und Sauerstoff zu finden.

Einzelheiten findet ihr auf der Bildtafel chemischer Elemente, zum Beispiel im Online-Lexikon Wikipedia.

1. Findet heraus, welche Elemente auf der Weltkugel abgebildet sind.
2. Vergleicht, wie sich die Veränderung in der Natur nach Empedokles und wie nach der modernen Naturwissenschaft vollzieht. Nehmt dazu auch die Zeichnung auf dieser Seite zu Hilfe.
🦉 Findet heraus, welche Kräfte außer der Erdanziehungskraft in der Natur wirken.

Wie hat sich der Mensch entwickelt?

Lied des Menschen

Ich bin ein Mensch; doch bildˊ ich mir nicht ein,
ich könnt' im Dunkeln besser sehn als Eulen,
ich könnte lauter als die Wölfe heulen
und könnte stärker als ein Löwe sein.

5 Ich bin ein Mensch; doch glaub' ich nicht, ich sei
so glücklich wie Delphine, wenn sie springen,
so selig wie die Meisen, wenn sie singen,
auch nicht so schnurrig wie ein Papagei.

Ich bin ein Mensch und doch in jedem Tier,
10 in Laus und Adler, Raupe, Pfau und Schnecke.
Sie sind die fernsten Ahnen, und ich stecke
in jedem Tier, und jedes steckt in mir.

Doch bin ich Mensch in ganz besondrem Sinn.
Wenn Tiere schnurrig sind, verspielt und heiter,
15 dann sind sie schnurrig, heiter und nichts weiter.
Ich aber weiß es, wenn ich glücklich bin.

Was Tiere sind, das sind und bleiben sie.
Ein Wolf bleibt Wolf. Ein Löwe bleibt ein Löwe.
Doch ich kann alles sein, Delphin und Möwe.
20 Ich bin ein Mensch. Ich habe Phantasie.

James Krüss, *deutscher Dichter*

MIO. JAHRE

GIBBON
15

ORANG-UTAN
10

GORILLA

SCHIM-PANSE
5

3,5

HOMO NEANDER-TALENSIS
0,23
0

Du hast etwas von mir!

1. Beschreibt das Verhältnis zwischen Mensch und Tier und füllt in eurem Heft die leere Sprechblase aus.

🦉 Deutet den Gedanken: „Doch bin ich Mensch in ganz besondrem Sinn".

Homo sapiens – der weise Mensch

Der Mensch hat sich in Millionen Jahren aus affenähnlichen Wesen (Hominiden) entwickelt, sagen die Naturwissenschaften. Forscher/innen nennen diesen Vorgang Evolution. *Die australische Philosophin und Jugendbuchautorin Jackie French* [1] *beschreibt, wie diese Entwicklung abgelaufen sein könnte.*

1: Jackie French (geb. 1953) lebt in Australien auf einer Ranch mit vielen Wombats, die manchmal auch ihre Manuskripte anknabbern. Sie hat vor allem Jugendbücher über philosophische Themen geschrieben.

Das erste Mitglied der menschlichen oder „Homo"-Familie war der *Homo habilis* („geschickter Mensch"), der vor ungefähr 2,5 Millionen Jahren zum ersten Mal auftauchte. Sein Gehirn war definitiv viel größer als das eines Affen, und er stellte Werkzeuge her, anstatt einfach nur Steine oder Stöcke
5 zu benutzen, die gerade herumlagen.
Dann kam der *Homo erectus* („aufgerichteter Mensch"). Dieser sah schon so ziemlich aus wie ein heutiger Mensch, nur hatte er eine hervorspringende Stirn und ein schmales Kinn. Am Ende steht unsere Gruppe, der *Homo sapiens* („weiser Mensch")

Und was ist mit den Neandertalern?

Die Neandertaler waren Menschen, die vor Zehntausenden von Jahren gelebt haben. Sie wurden nach dem Neandertal in Deutschland benannt, wo ihre ersten Überreste gefunden wurden. […]
Alles, was uns von den Neandertalern geblieben ist, sind ein paar Skelette,
5 Werkzeuge (Messer, Äxte und Schaber, aus Stein oder Knochen gefertigt), einige Gräber und Feuerstellen. Das ist alles, was wir haben, um herauszufinden, was sie aßen, wie sie jagten, ihre Toten beerdigten und ihre Waffen herstellten. Vermutlich sprachen sie nicht so gut wie wir, denn ihre Kehlköpfe waren nicht so gut entwickelt wie unsere. Vermutlich pflegten sie ihre Kranken.
10 Das Skelett eines Neandertalers [das heute gefunden wurde] war so verletzt, als ob er in einen Steinschlag geraten wäre, lange bevor er starb. Er hatte verkrüppelte Arme und Beine und war vermutlich auch teilweise blind. Er konnte also nur überleben, weil sich jemand um ihn gekümmert hat.
Wir glauben, dass die Neandertaler ihre Toten mit Blumen beerdigt haben, da
15 man auf ihren Gräbern Pollen gefunden hat.
Jackie French

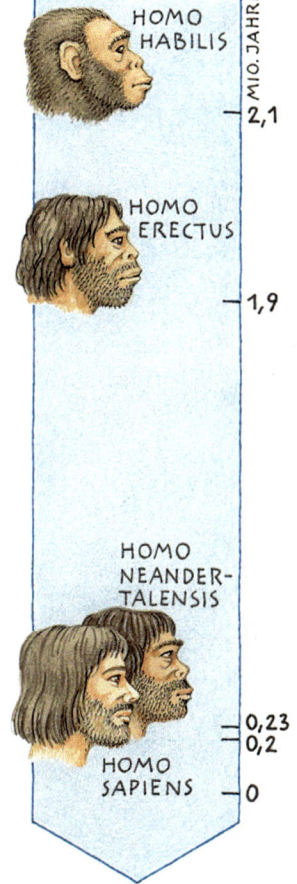

1. Informiert euch in Zusammenarbeit mit dem Geschichtsunterricht im Internet über den Neandertaler und die Ausgrabungen im Neandertal. Nutzt die Suchmaschine *www.blindekuh.de*.

2. Was macht uns Menschen zu Menschen? Benennt Eigenschaften aus dem Text und ergänzt sie durch eigene Überlegungen.

3. Schreibt ein Elfchen* mit dem Titel „Mensch".

Der besondere Text:
Golem – ein künstlicher Mensch

Nach einem Traum rief Rabbi Löw seinen Schwiegersohn und seinen treuesten Schüler herbei und erzählte ihnen von seiner Erleuchtung, einen Menschen aus Lehm formen zu wollen.

Im 16. Jahrhundert soll Rabbi Löw einen Golem erschaffen haben. So erzählt es die Legende*. Der Golem sollte die Prager Juden vor Verfolgung schützen.

1: Schwiegersohn

2: Religionsgelehrter einer jüdischen Gemeinde (Rabbiner)

[...] Es war der zwanzigste Tag des Monats Adar im Jahre fünftausenddreihundertundvierzig und die vierte Stunde nach Mitternacht, da begaben sich die drei Männer nach dem außerhalb der Stadt gelegenen Strome, an dessen Ufer eine Lehmgrube war. Hier kneteten sie aus dem weichen Ton eine
5 menschliche Figur. Sie machten sie drei Ellen hoch, formten die einzelnen Gesichtszüge, danach die Hände und die Füße und legten sie mit dem Rücken auf die Erde. Hierauf stellten sie sich alle drei vor die Füße des Tonbildes, und der Rabbi befahl seinem Eidam[1], siebenmal im Kreise darum zu schreiten und dabei eine von ihm zusammengesetzte Formel herzusagen. Als dies
10 vollbracht war, wurde die Tonfigur gleich einer glühenden Kohle rot. Danach befahl der Rabbi[2] seinem Schüler, gleichfalls siebenmal das Bild zu umkreisen und eine andre Formel zu sagen. Da kühlte sich die Glut ab, der Körper wurde feucht und strömte Dämpfe aus, und siehe da, den Spitzen der Finger entsprossen Nägel, Haare bedeckten den Kopf, und der Körper der Figur und das
15 Gesicht erschienen als die eines dreißigjährigen Mannes. Hierauf machte der Rabbi selbst sieben Rundgänge um den Tonkloß, und die drei Männer sprachen zusammen den Satz aus der Schöpfungsgeschichte: Und Gott blies ihm den lebendigen Odem in die Nase, und der Mensch ward zur lebendigen Seele.
20 Wie sie den Vers zu Ende gesprochen hatten, öffneten sich die Augen des Golems, und er sah den Rabbi und seine Jünger mit einem Blick an, der Staunen ausdrückte. Rabbi Löw sprach laut zu dem Bildnis: Richte dich auf! Und der Golem erhob sich und stand da auf seinen Füßen. Danach zogen ihm die Männer Kleider und Schuhe an, die sie mitgebracht hatten – es waren
25 Kleidungsstücke, wie sie Synagogendiener trugen –, und der Rabbi sprach zu dem Menschen aus Ton: Wisse, dass wir dich aus dem Staub der Erde geschaffen haben, damit du das Volk vor dem Bösen behütest, das es von seinen Feinden zu leiden hat. Ich heiße deinen Namen Joseph; du wirst in meiner Gerichtsstube wohnen und die Arbeit eines Dieners verrichten. Du hast auf
30 meine Befehle zu hören und alles zu tun, was ich von dir fordere, und hieße ich dich durchs Feuer gehen, ins Wasser springen, oder dich von einem hohen Turm herunterwerfen. Der Golem nickte mit dem Kopfe zu den Worten des Rabbi, als wollte er seine Zustimmung ausdrücken. Er hatte auch sonst in allem ein menschliches Gebaren; er hörte und verstand, was man zu ihm sprach,
35 nur die Kraft der Rede blieb ihm versagt. So waren in jener denkwürdigen

Szene aus dem Film „Der Golem, wie er in die Welt kam", Deutschland 1920

Nacht drei Menschen aus dem Hause des Rabbi gegangen; als sie aber um die sechste Morgenstunde heimkehrten, waren ihrer vier.

Seinen Hausgenossen sagte der Rabbi, dass er, als er des Morgens nach dem Tauchbad gegangen sei, einem Bettler begegnet wäre und ihn, da er redlich und
40 unschuldig zu sein schien, mitgenommen habe. Er wolle ihn in seiner Lehrstube als Bedienten gebrauchen, verbiete es ihnen aber, den Knecht häusliche Arbeiten verrichten zu lassen.

Und der Golem saß beständig in einer Ecke der Stube, den Kopf auf beide Hände gestützt, und verhielt sich reglos wie ein Geschöpf, dem Geist und Verstand
45 abgehen und das sich um nichts bekümmert, was in der Welt vorgeht. Der Rabbi sprach von ihm, dass ihm weder Feuer noch Wasser etwas anhaben würden, und dass ihn kein Schwert verwunden könne. Den Namen Joseph hatte er ihm zur Erinnerung an den im Talmud[3] erwähnten Joseph Seda gegeben, welcher halb Mensch und halb Geist gewesen war, die Schriftgelehrten bedient
50 und sie vielmal aus schwerer Bedrängnis gerettet hatte. [...]

3: Sammlung jüdischer Weisheiten

Die Kraft der Rede konnte der Rabbi dem Golem nicht eingeben, denn was diesem innewohnte, war eine Art Lebenstrieb, aber keine Seele. Er war wohl mit einem geringen Unterscheidungsvermögen ausgestattet, aber Dinge der Weisheit und höhere Einsicht blieben ihm versagt.
55 Wiewohl nun der Golem keine Seele hatte, merkte man ihm am Sabbat[4] etwas Besonderes an, und sein Gesicht erschien freundlicher als an Wochentagen.

4: Der siebte Wochentag in der jüdischen Religion, an dem die Arbeit ruht (Samstag)

Andre wiederum sagen, dass Rabbi Löw an jedem Rüsttage zum Sabbat das Schildchen mit dem heiligen
60 Gottesnamen, das unter der Zunge des Tongebildes steckte, zu entfernen pflegte, weil er befürchtete, dass der Sabbat ihn unsterblich machen könnte und die Menschen ihn als
65 Götzen anbeten würden.

Der Golem barg in seinem Innern keinerlei Neigungen, weder gute, noch sündhafte. Was er tat, geschah nur unter Zwang und aus Furcht,
70 zurück ins Nichts versenkt zu werden.

Josef Micha Bin Gorion, *hebräischer Schriftsteller*

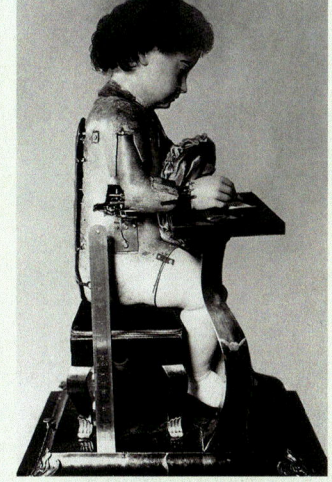

Die Schweizer Uhrmacher Pierre und Henri-Louis Jaquet-Droz entwickelten im 18. Jahrhundert Androiden (Maschinenmenschen). Der „Schreiber" (links) und der „Zeichner"(rechts) funktionieren heute noch.

1. Recherchiert zum Begriff „Golem" im Internet.
2. Welche Eigenschaften hat der Golem in der Geschichte? Was unterscheidet ihn von einem natürlichen Menschen?
3. Deutet und vergleicht die Bilder dieser Doppelseite: In welcher Beziehung stehen sie zur Geschichte vom Golem?

4. Wie stellt ihr euch den Golem nach dem Schöpfungsplan des Rabbi Löw vor? Malt ihn.
5. Der Golem hatte keine Seele. Was stellt ihr euch unter einer „Seele" vor? Scheibt ein Elfchen* dazu.
🦉 Vergleicht einen Golem mit einem Roboter (siehe Androiden). Findet Gemeinsamkeiten und Unterschiede heraus.

Mensch – Maschine – Tier

Was kannst du?

🦉 Das chinesische Zimmer

John Searle hat 1980 die Frage beantwortet: Können Computer denken?
Und dazu hat er sich ein Rollenspiel ausgedacht [...]: Wir Menschen sollten
einmal so tun, als ob wir ein Computer wären. Das könnte dann zum Beispiel
so sein: Wir sind in einem Zimmer, in dem viele Körbe mit chinesischen

5 Schriftzeichen stehen. Wir wissen nicht, was sie bedeuten, weil wir kein Chinesisch sprechen, lesen und schreiben können. Für uns sind es nur bedeutungslose Schnörkel. Dann werden uns andere Kritzel-Kratzel-Zeichen in das
Zimmer hereingereicht. In einem Programm-Buch können wir nachschauen,
welche Zeichen wir daraufhin aus dem Raum hinausgeben sollen.

10 Die Menschen außerhalb des Zimmers kennen dagegen die Zeichen, denn sie
verstehen die chinesische Sprache. Sie reichen sinnvolle „Fragen" hinein und
erhalten passende „Antworten", von denen wir im chinesischen Zimmer nichts
wissen.

Was ist der Witz dieses kleinen philosophischen Spiels? Searle hat ihn so

15 erklärt: „Weil Sie ein Computerprogramm ausführen, verhalten Sie sich für
die Außenstehenden genau so, als würden Sie die chinesische Sprache verstehen. In Wirklichkeit verstehen Sie kein Wort Chinesisch und wissen gar
nicht, was Sie tun!"

Genau nach diesem Prinzip funktioniert aber ein Computer: Er bekommt nur

20 von außen für ihn bedeutungslose Zeichen (Informationen), die er verarbeitet
und dann mit anderen Zeichen (Informationen) beantwortet. Aber er weiß
ebenfalls nicht, was er tut, noch nicht einmal, dass er Informationen verarbeitet.
Also denkt er nicht, denn zum wirklichen Denken gehört dieses Wissen.

Tierische Automaten

25 Diese Überlegung John Searles ist recht originell. Aber sie ist nicht ganz neu.
Denn so ähnlich hat schon René Descartes[1] vor mehr als 350 Jahren gedacht.
Er ist der philosophische Neinsager, der nur den Menschen als ein intelligentes
Wesen anerkannte. Denn weder die Tiere noch die Automaten haben diesen
„Geist", der zum Menschen gehört.

30 Auch Descartes kannte schon Automaten, also sich selbst bewegende Maschinen, die äußerst kompliziert gebaut waren. Vor allem Uhrmacher waren

1: René Descartes (1596–
1650) war ein französischer
Philosoph. Er beschäftigte
sich vor allem mit der Frage:
„Was heißt denken?"

mechanische Zauberkünstler, deren Mess- und Rechengeräte („Computi")
wie Wunderwerke funktionierten.

35 Deshalb hat Descartes als Philosoph nicht nur darüber nachgedacht, wie die
Tiere als Lebewesen funktionieren, wie man Träume und Wirklichkeit unterscheiden kann und was das „Ich" ist, das über sich selbst sagen kann: „Ich
denke, also bin ich." Den Unterschied zwischen Tieren und Menschen glaubte
er sicher erkannt zu haben: Tiere denken nicht. Deshalb sind sie eigentlich
nur tierische Automaten, die sich zwar von selbst (auto) bewegen können, aber
40 ganz anders als wir Menschen sind. Doch was ist mit den automatischen
Maschinen los, wenn sie uns Menschen immer ähnlicher werden?
Descartes hat sehr weit vorausgesehen und -gedacht. Schon 1637 fragte er
[…]: Welchen Unterschied können wir überhaupt noch erkennen, wenn in
Zukunft die Maschinen unseren Körpern immer ähnlicher werden und auch
45 unsere Handlungen immer besser nachahmen können?

Was den Menschen zum Menschen macht

Descartes kannte Deep Blue[1] noch nicht. Aber er konnte sich schon damals
vorstellen, dass es eine solche „intelligente" Maschine einmal geben würde.
Und wie der amerikanische Philosoph John Searle hat er bereits 1637 Nein
50 zu ihrer Denkleistung gesagt. Wir haben nämlich „zwei ganz sichere Mittel für
unsere Erkenntnis, dass Maschinen niemals wahre Menschen sein können."
Davon war Descartes fest überzeugt.
Maschinen werden nämlich niemals Worte und Sätze so gebrauchen können
wie wir Menschen. Sie werden vielleicht etwas sagen oder schreiben, wenn
55 man bei ihnen auf einen bestimmten Knopf drückt (wie bei einem Tonband
oder CD-Player). Descartes stellte sich sogar vor, dass sie vielleicht schreien
werden oder „Aua, das tut mir weh!" sagen, wenn man sie zu fest berührt.
Aber sie tun das nur, weil man ihren Mechanismus so eingerichtet hat. Sie
können damit keine Gedanken ausdrücken und anderen mitteilen; sie können
60 die Worte nicht zu immer wieder neuen Sätzen zusammenstellen und daraus
eine Rede aufbauen; sie kennen nicht die Bedeutungen der Worte und Sätze;
sie können nicht frei über all das sprechen, was Menschen interessiert, die
miteinander über alles Mögliche reden; und sie wissen nicht, was sie tun, wenn
sie auf einen Knopfdruck oder eine Berührung automatisch reagieren. All
65 das aber können Menschen, wenn sie eine natürliche Sprache verstehen und
sich in ihr ausdrücken.

Manfred Geier[2], *Philosoph*

1: Schachcomputer

2: Manfred Geier (geb.
1943) ist ein deutscher
Philosoph und Schriftsteller.
Er hat für Jugendliche das
Buch geschrieben „Was
konnte Kant, was ich nicht
kann?"

1. Erklärt mit eigenen Worten den Vergleich zwischen John Searles chinesi-
   schem Zimmer und einem Computer. Lest hierzu auch die Seiten 176/177
   (Computerspiele).
2. Warum sprach René Descartes von tierischen Automaten? Welche
   Argumente lassen sich dagegenstellen? Schreibt sie in euer Heft. Lest
   vorher die Seite 79 zur Methode des Argumentierens.
3. Wodurch unterscheidet sich der Mensch von Maschinen? Sammelt
   Argumente aus dem Text und stellt sie der Ethikgruppe vor.

Wie sollen wir die Natur behandeln?

1: Heraklit (um 540–480 v. Chr.) stammte aus Ephesus (in der heutigen Türkei). Sein Gedanke „Alles in der Natur verändert sich" machte ihn weltberühmt (siehe auch die Seiten 86 und 105).

2: Hans Jonas (1903–1993) hat das erste umfassende philosophische Buch über Naturethik geschrieben: „Das Prinzip Verantwortung".

🦉 Natur und Naturethik

Mit der Natur haben sich die Menschen schon zu Beginn der Ethik vor fast 2.500 Jahren beschäftigt. Sie bezeichneten mit dem Wort „Natur" alle Vorgänge, die eigenständig ohne das Zutun des Menschen ablaufen, also wachsen, werden und vergehen.

5 „Natur" hieß im antiken Griechenland Physis im Sinne von „sich verändern": Das Wasser fließt, bekannte beispielsweise der griechische Philosoph Heraklit[1], ohne dass der Mensch etwas dazu tut. Die Natur ist also das Lebensprinzip schlechthin.

Physis hat aber auch etwas mit unserem Körper zu tun. Wir benutzen das 10 Wort „physisch", wenn wir körperliche Aktivitäten meinen, wie beispielsweise Atmen oder Laufen. Die Natur ist demzufolge in Bezug auf den Menschen auch Körper und dient der Befriedigung seiner grundlegenden Bedürfnisse wie essen, trinken und schlafen (siehe hierzu auch die Seiten 158). Wir brauchen also die Natur, um existieren zu können. Wir benutzen die Natur als Ernährungs-15 quelle, als Lebensraum, als Grundlage unserer Arbeit und als Anregung zu künstlerischer und geistiger Tätigkeit.

Die Naturethik untersucht, welchen Einfluss der Mensch durch Eingriffe in die Natur auf deren Gleichgewicht ausübt und wie Schäden vermieden werden können. Mit diesem Problem beschäftigte sich im 20. Jahrhundert insbesondere 20 der deutsch-jüdische Philosoph Hans Jonas[2]. Er kritisierte, dass sich die Menschen immer neue Techniken ausdenken würden, um der Natur „auf den Pelz zu rücken". Dabei hätten sie allerdings versäumt, daran zu denken, dass der Pelz irgendwann einmal weg sein wird, und die Natur dann nackt und kahl dastehen werde. Deshalb müssten sich die Menschen, die gegenwärtig leben, 25 verpflichten, die Erde so zu behandeln, dass sie auch für künftige Generationen fruchtbar bleibt. Dafür verwenden wir heute den Begriff „Nachhaltigkeit".
Barbara Brüning

Wie soll der Mensch die Natur behandeln?
Vier Positionen der Naturethik

Die anthropozentrische Position

Der Mensch ist der Mittelpunkt der Natur und verändert sie nach seinen Interessen.

Die pathozentrische Position

Der Mensch respektiert Tiere. Er achtet ihre Gefühle und Interessen.

Die biozentrische Position

Der Mensch respektiert die belebte Natur.

Die holistische Position

Der Mensch respektiert die belebte und unbelebte Natur.

🦉 Wozu sind wir da?

1: Körper

Wir Menschen können nur leben, indem wir von anderem Leben leben – so sehr gehören wir zur Natur. Durch alle Arten von Lebewesen kommt etwas Besonderes in die Welt, indem sie ihren Lebensraum finden. Diese Besonderheiten kommen uns in den meisten Fällen so vor, als sei die Welt mit ihnen
5 schöner und besser, als sie es ohne sie wäre. Im Gesamtbild sieht es so aus, dass alle Arten von Lebewesen im Ganzen der Natur sowohl nehmen, vor allem Nahrung, als auch geben, […] zum Beispiel im Tod den eigenen Leib[1]. Welche unserer Anlagen sind es, […] durch die eine Welt mit Menschen schöner und besser sein könnte? […] Wozu sind wir da?

Klaus M. Meyer-Abich[2]*, deutscher Philosoph*

2: Klaus M. Meyer-Abich (geb. 1936) ist Naturphilosoph. Er meint, der Mensch solle endlich Frieden mit der Natur schließen.

1. Bezwingt der Surfer die Natur? Begründet eure Meinung.
2. Erklärt mit eigenen Worten und Beispielen die vier Grundpositionen der Naturethik. Für welche Position entscheidet ihr euch? Stellt sie in einem Standbild* dar und erratet sie gegenseitig.
3. Stellt euch vor, ein Tier oder eine Pflanze würden die Menschen fragen: „Wozu seid ihr da?" Was würdest du antworten? Schreibe eine kurze Geschichte oder ein Gedicht dazu.
🦉 Wie versteht ihr den Gedanken, dass durch jedes Lebewesen etwas Besonderes auf die Welt kommt? Sprecht darüber in der Ethikgruppe.

Wissen und Verstehen:
Ist die Natur unsere Mitwelt?

Das weiß ich: Diese Namen und Begriffe kann ich ordnen

Albert Schweitzer

Luft

Manfred Geier

WWF

Computer-Bildschirm

Hans Jonas

Empedokles

Natur

Naturethik

Homo erectus

Feuer

Allesfresser

Golem

Verantwortung für Tiere

Wasser

Jackie French

Erde

1. Erklärt an einem Beispiel die Beziehungen zwischen Mensch und Natur.

Darauf kommt es an: Nachhaltig handeln

Nachhaltig handelt jemand, der dafür sorgt, dass Pflanzen, Tiere und andere Dinge der Natur auch für zukünftige Generationen (eure Enkel oder Urenkel) erhalten bleiben.

Mensch und Natur
Beim Umgang mit der Natur kann der Mensch vier Möglichkeiten wählen:
1. Er kann sich als Mittelpunkt der Natur betrachten.
2. Er kann sich zusammen mit den Tieren als Mittelpunkt der Natur betrachten.
3. Er kann sich zusammen mit Tieren und Pflanzen als Mittelpunkt der Natur betrachten.
4. Er kann die Natur als Ganzes achten und auch die unbelebte Natur wie Steine oder Flüsse in seine Fürsorge einbeziehen.

Verantwortung für Pflanzen und Tiere übernehmen
Die Philosophen Albert Schweitzer und Hans Jonas betonen, dass der Mensch die Verantwortung für den Schutz aller Lebewesen übernehmen soll.

2. Nennt ein Beispiel für nachhaltiges Verhalten.
3. Warum sollen Tiere nicht unnötig leiden?

Das kann ich: Naturgeräusche entdecken

Ihr geht hinaus auf dem Schulhof. Dort verteilt ihr euch und schließt die Augen. Ihr bleibt ungefähr zwei Minuten stehen und versucht, verschiedene Geräusche wahrzunehmen. Danach geht ihr zurück ins Klassenzimmer und schreibt in Stichworten auf, was ihr gehört habt.

Anhand eurer Stichworte tauscht ihr euch aus:
– Welche Geräusche habe ich gehört? Wer hat sie erzeugt?
– Welche Geräusche waren natürliche Geräusche (von Lebewesen), und welche Geräusche waren künstliche Geräusche (Autos, Flugzeuge)?
– Welcher Klang war angenehm, und welcher nicht?
– Wodurch unterscheiden sich natürliche und künstliche Geräusche?

Anschließend schreibt ihr einen Miniaturtext*: Die Sprache der Natur.

Kapitel 10:
Zu viel oder zu wenig essen?

Der Überfluss lässt den Menschen hochmütig werden.
Hildegard von Bingen, Ärztin und Philosophin (siehe Seite 160)

Beschreibt die beiden Bilder: Was geht euch durch den Kopf? Notiert euch Stichworte.

In diesem Kapitel lernst du
- über menschliche Grund-
  bedürfnisse nachzudenken
- eigene Ideen über gesundes
  Essen zu entwickeln
- den Verein „BrotZeit" kennen

Dabei nutzt du
- Projekte wie „Gesundes Essen
  in der Schule"
- die Methode des Interviews
- das Internet zur Recherche
  von Rezepten

**Du beurteilst und
bewertest**
- den Unterschied zwischen
  gesunder und ungesunder
  Ernährung
- das Verhältnis zwischen zu
  viel und zu wenig essen
- Argumente für und gegen das
  Fleischessen

Was braucht der Mensch zum Leben?

Menschliche Grundbedürfnisse

1: Hannah Arendt (1906–1975) beschäftigte sich vor allem mit der Frage, was ein gutes Leben ist. Mit 16 Jahren musste sie die Schule verlassen, weil sie ihre Klasse zum Streik gegen einen ungeliebten Lehrer angestiftet hatte.

Wissen und Merken: Grundbedürfnisse und Welternährung

Grundbedürfnisse „halten den Menschen am Leben" schrieb die deutsch-jüdische Philosophin Hannah Arendt[1]. Sie tragen dazu bei, dass der Organismus funktioniert. Wer nicht regelmäßig essen, trinken und schlafen kann und kein Dach über dem Kopf hat, dem fehlt die Basis seines Lebens. Welt-
5 weit haben mehr als 795 Millionen Menschen in 52 Staaten nicht genug zu essen und zu trinken. Um auf ihre Lage aufmerksam zu machen und den Hunger zu bekämpfen, hat die UNO den 16. Oktober jedes Jahres zum Welternährungstag erklärt. Dieses Datum wurde ausgewählt, weil am 16. Oktober 1945 die Ernährungs- und Landwirtschaftsorganisation der UNO gegründet
10 wurde. Sie hat die Aufgabe, sich weltweit für die Überwindung von Hunger einzusetzen.

Was beim Essen wichtig ist

Die alten Griechen und Römer haben es vernünftiger gemacht als wir: Sie widmeten dem Essen (das eine der wesentlichen Verrichtungen unseres Lebens ist), wenn sie nicht von einem dringenden Geschäft abgehalten wurden, etliche Stunden, ja den besten Teil der Nacht, aßen und tranken weniger
5 hastig, als wir es zu tun pflegen, die wir alles in Windeseile erledigen, und zogen dieses natürliche Vergnügen durch mehr genussreiche Muße[1] in die Länge, indem sie allerlei nützliche und angenehme, der Geselligkeit[2] dienende Unterhaltungen einflochten.

Michel de Montaigne, *französischer Philosoph (siehe Seite 10)*

1: Bedeutet hier: viel Zeit
2: Gemeinschaft mit anderen Menschen

Claude Monet: Das Mittagessen (1873)

1. Findet die Grundbedürfnisse heraus und und ergänzt sie.

2. Gebt dem Text von Montaigne eine eigene Überschrift. Formuliert dann den Hauptgedanken in einem Satz. Lest hierzu auch die Seite 10.

3. Beschreibt das Bild von Monet – besonders unter dem Gesichtspunkt, was die Leute essen.

4. Malt ein ähnliches Bild: Welche Lebensmittel würdet ihr zu einem Picknick mitnehmen? Ihr könnt auch ein Foto machen: *Wir beim Picknick.*

🦉 Was gehört zu einem gesunden Essen? Ergänzt Montaignes Ratschläge in kleinen Gruppen und stellt eure Gedanken in der Ethikgruppe vor.

Das richtige Maß finden

Schlemmen, was das Zeug hält?

Gegen das Schlemmen

Der folgende Text stammt von Hildegard von Bingen[1].
Er wurde in einer mittelalterlichen, bildhaften Sprache in
Form eines Gesprächs geschrieben.

1: Hildegard von Bingen
(1098–1179) war die be-
rühmteste Frau des 12.
Jahrhunderts. Sie war Ärztin, Philosophin, Theologin
und leitete als Äbtissin
ein Frauenkloster. Ihren
Klostergarten betrachtete
sie als „Schatz der Natur".

2: Gutes Essen und Trinken

3: Das Gegenteil von
Schlemmen

4: Altes Wort für „Körper"

Der Schlemmer spricht

Gott hat alles geschaffen, warum sollte ich es mir an irgendetwas fehlen lassen?
Wüsste Gott nicht, dass man dies alles brauchte, so hätte er es nicht gemacht.
Ich wär ja verrückt, wenn ich vor all den schönen Dingen nicht meiner Lust
5 folgen wollte, zumal auch Gott will, dass der Mensch für sein leibliches
Wohl[2] Sorge trage."

Die Antwort der Enthaltsamkeit[3]

Ich schöpfe aus den Menschen das Maß, auf dass ihrem Leibe[4] nichts fehle,
dass er aber auch nicht zu üppig, vollgestopft von Speis und Trank und mehr
10 als nötig wäre. […]
Du aber, du Schlemmer, du weißt und kennst von alledem nichts und ver-
suchst es nicht einmal zu sehen und zu begreifen. […] Du stopfst in deiner
Gefräßigkeit den Bauch zu voll, dass du dabei zum Überkochen kommst […].
Ich aber nehme nur so wenig an Speisen, dass die Säfte des Organismus nicht
15 ausgetrocknet werden und aus dem Gleichgewicht geraten.

Wir philosophieren: Ein Interview führen

1. Schritt > Ihr einigt euch auf ein Thema, zum Beispiel „Gesunde Ernährung",
und formuliert eine Einstiegsthese für das Interview.

2. Schritt > Ihr arbeitet Fragen aus, die ihr eurem Interviewpartner stellen
wollt, zum Beispiel: *Was gehört zu einer gesunden Ernährung?*

3. Schritt > Ihr zeichnet das Gespräch auf oder lasst euch die Fragen
schriftlich beantworten (ein Beispiel: das BrotZeit-Interview
auf den Seiten 162/163).

4. Schritt > Ihr formuliert ein Fazit des Interviews (lest als Beispiel Hosnas
Statement auf Seite 163).

5. Schritt > Ihr könnt auch ein fiktives[1] Interview erstellen, so wie Hildegard
zwischen dem „Schlemmer" und der „Enthaltsamkeit"; das
heißt: Ihr formuliert die Fragen und gebt selbst die Antworten.

1: ausgedachtes

Gesunde Ernährung

*Hildegard hat nicht nur für maßvolles, sondern auch für gesundes
Essen plädiert, „das die Lebenskraft des Menschen stärkt". In
ihrem Buch „Physica" beschreibt sie die Wirkung verschiedener
Pflanzen als Heil- und Küchenkräuter. Sie hebt vor allem den
Dinkel als Urform aller Getreidearten hervor:*

„Der Dinkel ist das beste Getreide, und er ist warm
und fett und kräftig […] und er macht frohen
Sinn und Freude im Gemüt des Menschen."

1. Was könnte der Schlemmer antworten? Schreibt den Dialog in eurem
Heft weiter.
2. Führt ein fiktives Interview mit Hildegard von Bingen über gesunde
Ernährung.
3. Projektvorschlag: Stellt euch vor, ihr seid für einen Tag Küchenchef
oder -chefin in eurer Schulkantine. Wie sähe euer Speiseplan aus?
Erarbeitet in kleinen Gruppen Vorschläge und hängt sie als Wandzeitung
in der Schulkantine aus.
🦉 Übertragt den Gedanken des richtigen Maßes auf die Szene mit den
Jugendlichen auf Seite 160 oben.

Das Museum am Strom –
Hildegard von Bingen
beschäftigt sich mit dem
Leben der gelehrten Kloster-
frau. Es steht in Bingen
am Rhein:
*www.bingen.de/museum-
am-strom*

Exklusiv:
Brotzeit – ein gutes Frühstück in der Schule

Was macht der Verein „BrotZeit"?

Uschi Glas *(geb. 1944) ist eine deutsche Schauspielerin. Sie spielte in Filmen wie „Winnetou" oder „Fack ju Göhte".*

Der Verein wurde 2008 von der Schauspielerin Uschi Glas in München gegründet. Er möchte insbesondere Schülerinnen und Schülern in Grundschulen ein ausgewogenes Frühstück ermöglichen, da viele Kinder morgens, ohne etwas gegessen zu haben, in die Schule kommen. Zubereitet wird das Früh-
5 stück von „aktiven Senioren", die auch nachmittags bei der Hausaufgabenbetreuung helfen. BrotZeit ist in acht Regionen Deutschlands aktiv. Hosna aus einer 9. Klasse in Hamburg hat der Schauspielerin Uschi Glas die folgenden Fragen gestellt.

1. Kostet das tägliche Frühstück den Kindern etwas?
10 Nein, das Frühstück ist frei und kostet nichts. Wir bieten den Kindern ein reichhaltiges Frühstücks-Büffet an (28 verschiedene Lebensmittel), sozusagen alles, was das Herz begehrt.

2. Woher kaufen Sie die Lebensmittel für die Kinder?
Eine Firma spendet uns die Lebensmittel, wir werden aus Zentrallagern
15 versorgt. Kühlfahrzeuge bringen alle 14 Tage die frische Ware zu den Schulen. Im letzten Jahr haben wir 250 Tonnen Lebensmittel verbraucht.

3. Achten Sie auch besonders auf Kinder, die zum Beispiel Vegetarier sind oder Allergien haben?
Selbstverständlich! Weil wir eine so große Auswahl haben, findet jedes Kind
20 das Richtige, wir nehmen natürlich auch Rücksicht auf Kinder, die beispielsweise kein Schweinefleisch essen, da gibt es eben dann Putenwurst.

4. Haben Sie vor, dieses Projekt auch im Ausland zu verbreiten?
Nein, im Moment nicht. Wir haben in Deutschland acht Standpunkte (München,
Berlin, Hamburg, Leipzig, Heilbronn, Duisburg-Rhein-Ruhr, Nürnberg/Mittel-
franken und Braunschweig-Wolfsburg). Bis heute versorgen wir 175 Schulen.
2016 kamen zu uns täglich im Schnitt 7 200 Kinder zum Frühstück. Wir
wachsen ständig und der Bedarf in Deutschland ist so groß, dass wir noch
längst nicht alle bedürftigen Schulen versorgen können.

5. Können sich Schulen, die ebenfalls von Ihnen unterstützt werden möchten,
bei Ihnen melden?
Ja, natürlich.

6. Dürfen sich Schüler etwas einpacken und mitnehmen?
Ja, das dürfen sie, denn sehr viele „unserer" Kinder haben auch kein Pausenbrot dabei.

7. Wie genau kamen Sie auf die Idee, dieses Projekt zu starten?
Zuerst war da ein Rundfunkbericht, da wurde behauptet, dass es in der reichen
Stadt München mehr als 3000 massiv hungernde Grundschulkinder gibt.
Dann haben wir nachgeforscht. Tatsache ist, dass in Deutschland jedes vierte
Kind ohne Frühstück in die Schule kommt.

Wünsche für eine gute Schulkantine

BrotZeit ist eine großartige Idee. Kinder, denen es finanziell nicht so gut geht,
bekommen ein kostenloses Frühstück, damit sie in der Schule ordentlich
arbeiten können.
Unsere Schulkantine ist zwar nicht kostenfrei, aber das kann man auch nicht
erwarten. Die Mitarbeiter sind meistens nett, und das Essen hat sich in den
letzten Jahren wesentlich verbessert. Leider kann man kaum mehr mit Bargeld
bezahlen, da man jetzt einen Chip benötigt, auf dem Geld drauf ist. Den
muss man sich bestellen. Es gibt jetzt auch mehr Auswahl und viel frischere
Brote. Das Gefühl, dass zum Beispiel auf Vegetarier[1] besonders geachtet
wird, habe ich allerdings nicht. Ich würde mir auch wünschen, dass eine Liste
von Zutaten und Inhaltsstoffen ausgelegt wird, damit das ständige Nachfragen
aufhört, was denn im Essen drin ist.
Hosna

1: Der Begriff wird auf
Seite 164 erklärt.

1. Informiert euch über den Verein „BrotZeit": *www.brotzeitfuerkinder.com*.
2. Der Verein möchte Kindern Brot und Zeit geben. Wie versteht ihr dieses
   Motto? Gestaltet dazu ein Blitzlicht*.
3. **Projektvorschlag:** Fragt in eurer Schulkantine nach, ob dort regelmäßig
   über Zutaten und Inhaltsstoffe eures Essens informiert wird.
🦉 Warum sind Projekte wie BrotZeit eine wichtige Ergänzung des schulischen
   Speiseangebots? Sprecht darüber in der Klasse.

Philosophisches Forum:
Fleisch essen oder vegetarisch leben?

Bitte friss mich nicht, ich esse auch kein Fleisch!

Die Frage, ob Menschen Fleisch essen oder vegetarisch leben sollten, ist nicht neu. Bereits vor 2000 Jahren hat der griechische Philosoph Plutarch ein Buch „Über das Fleischessen" geschrieben und darin den Vegetarismus[1] begründet. Die australische Philosophin Jackie French, die ihr schon auf der Seite 147 kennen gelernt habt, schätzt seine Gedanken – und ist trotzdem keine Vegetarierin.

1: Vegetarismus bedeutet, dass sich Menschen nur von Pflanzen und Produkten lebender Tiere ernähren (zum Beispiel Milch und Eier).

🦉 Warum isst du ein Lebewesen?

[…] Wir verzehren ja gar nicht Löwen und Wölfe, um uns vor ihnen zu schützen – nein, die lassen wir in Ruhe: Die Unschädlichen und Zahmen, die weder Stacheln noch Zähne haben, um uns zu verletzen, die greifen wir uns und töten sie – Tiere, Gott sei's geklagt, die von der Natur doch wohl nur ihrer
5 Schönheit und Anmut wegen hervorgebracht worden sind. […]
Aber nichts kann uns rühren, nicht die blühende Farbe, nicht die einschmeichelnde melodische Stimme, nicht die Reinlichkeit ihrer Lebensweise, nicht die außerordentliche Klugheit der armen Geschöpfe. Nein, für ein kleines Stückchen Fleisch rauben wir ihnen Sonne und Licht, die Lebenszeit, für die
10 sie doch geboren und geschaffen sind. Und wenn wir ihr Schreien oder Quieken nur für irgendwelche Laute halten, die sie von sich geben – sollten wir nicht eher meinen, dass es flehentliche Bitten sind, Appelle an unser Gerechtigkeitsgefühl, indem jedes von ihnen sagt: „Ich bitte nicht um Schonung, wenn du in Not bist – nur wenn es um bloßen Genuss geht. Töte mich,
15 damit du etwas zu essen hast, aber morde mich nicht, nur um luxuriöser zu essen." Was ist das für eine Grausamkeit! Es ist einfach empörend, die Tafeln reicher Leute zu sehen – mit Leichenteilen, angerichtet von Fleischern und Köchen. Aber noch empörender ist es zu sehen, wie alles wieder abgetragen wird. Es bleibt nämlich mehr übrig als gegessen wurde. So viele Tiere sind
20 umsonst getötet worden. Andere aber schonen das aufgetragene Fleisch und lassen es nicht aufschneiden oder zerstückeln. Das Fleisch der Toten lehnen sie ab, die Lebenden haben sie nicht geschont.
Plutarch[2]

2: Plutarch (45–120 n. Chr.) war ein griechischer Philosoph, und Schriftsteller. Er schrieb das erste Buch zur Tierethik.

Ich respektiere dich, aber du kommst trotzdem in den Kochtopf!

Ich esse Fleisch, aber ich respektiere die Tiere auch

Ich glaube, dass man Tiere essen und sie gleichzeitig respektieren kann. Einen Großteil meines Lebens habe ich damit verbracht, andere Menschen davon zu überzeugen, Tiere in Frieden leben zu lassen und die Gegend, in der ich lebe, in einen guten Platz für Tiere zu verwandeln.

5 Tiere töten andere Tiere und fressen sie, aber sie respektieren einander. Ich bin auch ein Tier. Ich bin Teil des Lebenskreislaufs. Ich töte und esse und eines Tages werde ich sterben und dann auch gefressen werden. Vermutlich nicht von einem Löwen oder einem Tiger, aber von Millionen von Mikroorganismen, die mir dabei helfen werden, zu Staub zu zerfallen, aus dem wieder

10 Bäume und andere lebendige Dinge wachsen werden.
Ich mag den Gedanken daran, dass mein Körper von anderen verwertet wird. Also esse ich Fleisch, aber ich werde keinem Tier wissentlich Schmerzen verursachen.
Ich werde nie glauben, dass ich ein größeres Anrecht auf ein Stück von dieser

15 Welt habe als ein Wombat oder ein Känguru, bloß weil ich ein Mensch bin. Wenn ich meine Pflanzen anbaue, werde ich immer sicherstellen, dass ich genug Platz für Tiere und Futter lasse, und ich werde alles dafür tun, damit die Tiere in Würde leben können.

Jackie French (siehe Seite 147)

Die **Tierethik** beschäftigt sich mit der Frage, wie Menschen Tiere behandeln sollen: als Mitgeschöpfe oder nur als Nahrungs-Quellen?

1. Warum sollen Menschen nach Ansicht von Plutarch kein Fleisch essen? Welche Argumente bringt Jackie French dagegen vor? Fasst beide Positionen zusammen.

2. Was versteht ihr darunter, Tiere zu respektieren? Arbeitet nach der Kugellager-Methode* (Seite 179).

3. Welche Position überzeugt euch mehr – die von Plutarch oder die von Jackie French? Haltet dazu eine Standpunktrede* (Seite 139).

🦉 Wie beurteilt ihr Plutarchs Kritik, dass wir Menschen nur die unschädlichen und zahmen Tiere essen, die gefährlichen Tiere aber in Ruhe lassen? Begründet eure Meinung.

Der besondere Text:
Zuckerrohr statt Gummibärchen

Köche in Zimbabwe bereiten Maisbrei für eine Schulkantine vor.

1: Die **Massai** sind eine ostafrikanische Volksgruppe, die im Süden von Kenia und im Norden von Tansania lebt.

Was in Afrika gut schmeckt

Mmmmh! Pirantos Vater hat frisches Rinderblut mitgebracht. Und die Mutter hat auf dem Markt getrocknete Beeren bekommen, Die zerreibt
5 sie jetzt und rührt sie in den tierischen Saft. Das ist ein typisches Gericht der Massai[1], häufiger gibt es aber Engurma oder Ugali, einen dicken Maisbrei, oder gestampfte Bohnen.

10 Tütensuppe, Hamburger, Fischstäbchen und zum Nachtisch ein Eis? Die allermeisten Kinder Afrikas haben so etwas noch nie gesehen und schon gar nicht gegessen. Ihre Nahrung
15 ist das, was dort, wo sie leben, wächst und gedeiht: Brei aus Hirse, Mais oder Bohnen, gekochte Yams- oder Maniokwurzelknollen, eine Art Kartoffelgericht, ein gekochtes Mus aus gemahlenen Erdnüssen, Kochbananen, manchmal Rind- oder Ziegenfleisch und am Meer natürlich Fisch. Das Kochen ist Sache der Frauen und Mädchen. Zum Naschen
20 gibt es statt Gummibärchen ein Stück Zuckerrohr. Zwar wächst der Kakao, aus dem man Schokolade macht, in Afrika, er wird aber vor allem für den Export, also den Verkauf in andere Länder, angebaut.
Gut schmeckt das dünne Fladenbrot, das in Afrika aus dem Mehl des heimischen Getreides hergestellt und gebacken wird. Man füllt es mit Gemüse, Fleisch
25 oder Fisch. In den Ländern Zentralafrikas gelten gekochte Raupen als Delikatesse. Das ist nichts anderes, als wenn ein europäischer Feinschmecker von leckeren Schnecken schwärmt. Vor allem in den Ländern der Sahelzone (ein Gebiet südlich der Sahara) können die Menschen allerdings von einer reich gedeckten Tafel oft nur träumen: Wenn der Regen ausbleibt, zerstört die Dürre
30 schnell die Ernte eines ganzen Jahres. Dann gibt es gar nichts zu essen, und die Menschen haben Hunger. Wir alle kennen die schrecklichen Bilder, mit denen Afrika so oft die Welt um Nahrungsmittelhilfe bitten muss.

Christine Schulz-Reiss, *deutsche Autorin*

„Dem Hunger entflieht man nicht mit den Füßen, sondern mit den Händen."
Sprichwort aus Afrika

Ein Fladenbrot auf Arabisch backen

Ihr braucht dafür 500 Gramm Mehl, 29 Gramm Hefe, 1 Teelöffel Salz, 1 Teelöffel Olivenöl, ¼ Liter Wasser

Ihr vermischt das Mehl mit dem Salz und gebt es in eine große Schüssel. In die Mitte formt ihr eine Mulde und bröckelt die Hefe hinein. Danach gießt ihr
5 etwas lauwarmes Wasser über die Hefe und rührt, bis sie sich aufgelöst hat. Anschließend gebt ihr das restliche lauwarme Wasser hinzu und verknetet alles gut, bis der Teig nicht mehr klebt.

Danach gießt ihr das Öl in eine Schüssel und wendet den Teigkloß darin, bis er gut mit Öl überzogen ist. Ihr lasst ihn zugedeckt an einem warmen Ort auf-
10 gehen, bis er sich verdoppelt hat (1 bis 2 Stunden). Danach knetet ihr ihn kurz durch und formt acht Bällchen, die zu runden dicken Fladen ausgerollt werden. Ihr legt sie auf ein leicht mit Mehl bestäubtes Tuch, deckt sie mit einem weiteren Tuch ab und lasst sie 20 Minuten stehen.

Anschließend heizt ihr den Ofen auf 250 Grad Celsius vor und lasst das
15 eingefettete Backblech im Ofen heiß werden. Sobald die Temperatur erreicht worden ist, legt ihr die Brote auf das Blech in den Ofen und lasst sie fünf Minuten backen. Dabei darf die Tür nicht geöffnet werden. Anschließend dreht ihr die Brote um und lasst sie noch weitere drei Minuten backen, bevor ihr sie herausnehmt.

Nach **Barbara Brüning**

Das Fladenbrot (Pita) stellt die früheste Entwicklungsstufe des Brotes dar. Es entstand vor ungefähr 5000 Jahren aus Getreidebrei und wurde in Ägypten auf Stein gebacken.

1. Was versteht ihr unter dem Wort „Feinschmecker"? Schreibt ein Akrostichon. *

2. **Projektvorschlag:** Stellt zusammen, was Kinder in anderen Ländern gern essen. Interviewt dafür Kinder aus eurer Klasse, die aus anderen Kulturen kommen. Nutzt dabei die Methode des Interviews (Seite 161).

3. Präsentiert auf einer Wandzeitung eure Lieblingsrezepte.

Wissen und Verstehen:
Zu viel oder zu wenig essen?

Das weiß ich: Diese Namen und Begriffe kann ich ordnen

Hildegard von Bingen

Essen in Afrika

Dinkelpflanze

BrotZeit

Jackie French

Gesunde Ernährung

Fladenbrot

Lust am Genuss

Plutarch

Schlemmerei

Vegetarisch

Michel de Montaigne

1. Wodurch zeichnet sich eine gesunde Ernährung aus? Schreibt dazu einen Miniaturtext*.

Darauf kommt es an: Das richtige Maß finden

Maßvoll zu essen heißt nach **Hildegard von Bingen** nicht zu schlemmen und dem Körper Speise und Trank nicht im Übermaß zuzuführen.
Nach **Michel de Montaigne** ist es insbesondere wichtig, den Genuss am Essen fördern.
Plutarch möchte Menschen das Fleischessen verbieten, weil dafür auf grausame Weise Tiere getötet werden.
Jackie French meint, der Mensch könne Fleisch in kleinen Mengen genießen, denn auch Tiere fressen sich im Kreislauf der Natur gegenseitig auf. Der Mensch solle Tieren allerdings Achtung entgegenbringen.

Das kann ich: Mit Rousseau[1] über Nascherei diskutieren

Das geeignetste Mittel, Kinder zu erziehen, besteht darin, sie durch den Mund zu lenken. Die Genäschigkeit[2] ist die Leidenschaft der Kindheit [...]; sie schwindet bei der geringsten Konkurrenz. Ihr könnt mir glauben, dass ein Kind nur allzu früh aufhören wird, ans Essen zu denken; ist einmal sein Herz beschäftigt, beschäftigt sein Gaumen es nicht mehr. [...]
Obst, Milchspeisen, ein wenig Gebäck, das etwas zarter ist als gewöhnliches Brot, und vor allem die Kunst, dies alles mit Maßen zu verabreichen – so kann man Legionen[3] von Kindern bis zum Ende der Welt führen.

2. Schreibt Rousseau einen fiktiven Brief oder Blog, in dem ihr ihm zum Thema „Naschen" eure Meinung darlegt.

1: Der Schweizer Philosoph **Jean-Jacques Rousseau** (1712–1778) hat als Kind nie eine Schule besucht, da seine Eltern früh starben. In seinem Buch „Émile" beschreibt er die Entwicklung des Jungen Émile und gibt ihm Ratschläge zur Lebensgestaltung. Seine eigenen Kinder lebten im Waisenhaus, da er zu wenig Geld hatte, um sie großzuziehen.

2: Nascherei
3: Eine sehr große Zahl, viele

Kapitel 11:
Wie Medien unser Leben verändern

Das Internet verbindet Millionen von Menschen in neuen Räumen, die unsere Art zu denken, das Zusammenleben in Gemeinschaften und uns selbst verändern.
Nach Sherry Turkle, amerikanische Philosophin und Computerwissenschaftlerin

1. Vergleicht die beiden Klassenräume. Welche Gemeinsamkeiten und Unterschiede erkennt ihr?
2. Was verbindet die Gedanken von Sherry Turkle mit den beiden Fotos.

In diesem Kapitel lernst du

– digitale und analoge Medien
  zu unterscheiden
– dich in verschiedenen Medien-
  welten zurechtzufinden
– den Begriff „virtuelle Welt"
  zu verstehen

Dabei nutzt du

– die Methode des Kugellagers
– Projekte zu Briefwegen und
  zu Lieblingssendungen im
  Fernsehen

Du beurteilst und bewertest

– den Unterschied zwischen
  digitalen und herkömmlichen
  Medien
– ob Bücher in Zukunft überflüssig werden könnten
– die Quote beim Fernsehen

Global kommunizieren

Ein Brief aus dem Jahr 1960

Das Wort „Medium" heißt im Lateinischen „Mitte" oder „Vermittlung". Medien sind also Vermittler von Informationen und ermöglichen den Menschen, sich zu verständigen.

Liebe Oma!

Wir sind gut in Rüsselsheim angekommen und haben auch schon eine Wohnung gefunden. Papa wird am Montag im Autowerk anfangen zu arbeiten. In der Schule verstehe ich noch nicht so viel. Ich antworte manchmal auf Italienisch, wenn ich etwas auf Deutsch noch nicht sagen kann. Und das Wetter ist hier auch nicht so schön wie in Neapel. Und weißt du was, Oma, deine Pizza vermisse ich jedes Wochenende. Schreib mir schnell, denn unsere Briefe sind lange unterwegs.

Ciao, dein Guiseppe

Ein Videoanruf aus dem Jahr 2018

🦉 Alte und neue Welt

Das Internet hat uns einen neuen Lebensraum eröffnet, der sich anders bewohnen lässt, als dies bei vorhergehenden Medien der Fall war. [...] Wir erleben – wie damals die Europäer bei der Entdeckung Amerikas – den Auszug aus der alten in eine neue Welt. Dieser Auszug ist aber ganz anders als früher,
5 denn wir verlassen unsere alte Welt nicht vollständig. Wir leben in der Spannung zwischen zwei Welten, in denen wir gleichzeitig anwesend sein können. Schließlich ist das Internet nicht nur Medium oder Kommunikationsmittel. Es bietet auch die Möglichkeit, über den Umweg der virtuellen Welt[1] von einem Ort in einen anderen, weit entfernten Ort durch ferngesteuerte
10 Maschinen einzuwirken oder dort telepräsent[2] zu sein. Man hört oder sieht nicht nur fern, sondern man ist hier und dort, gebunden an seinen Körper und doch eingetaucht in eine entfernte oder virtuelle Welt. Insofern ist das Internet nicht nur eine Fortsetzung der herkömmlichen Medien, sondern es ist ein Medium, in das mit einer unglaublichen Geschwindigkeit immer mehr
15 Tätigkeiten auswandern, auch wenn die Menschen physisch[3] an Ort und Stelle bleiben.

Nach **Florian Rötzer**[4]

1: „Virtuell" heißt, sich etwas vorzustellen, das es in Wirklichkeit so nicht gibt; „virtuelle Welt" bedeutet „künstliche Welt im Internet".
2: „Tele" bedeutet auf Griechisch „fern"; "telepräsent" meint, aus der Ferne anwesend zu sein.
3: körperlich

4: Florian Rötzer (geb. 1953) ist Philosoph und leitet das Online-Magazin „Telepolis". Das griechische Wort „Polis" bedeutet „Staat", „Stadt" oder „Welt".

Wissen und Merken: Digitale und analoge Medien

„Digital" kommt von dem lateinischen Wort digitus, das auf Deutsch „Finger" heißt. Digitale Medien sind elektronische Medien, die vom Computer gesteuert werden und mit dem binären Code arbeiten (siehe die Seiten 150/151 zu „Mensch –
5 Maschine – Tier"). Der Computer zerlegt die Informationen in kleine Teile, sogenannte Bits (deshalb die Anspielung auf den Finger). Digitale Medien werden auch als neue Medien bezeichnet. Analoge oder alte Medien präsentieren die Informationen als Ganzes und zerlegen sie nicht. Dazu gehören zum Beispiel Bücher
10 oder Schallplatten.

1. Sprecht darüber, wie sich die Kommunikation zwischen den Menschen in den letzten Jahrzehnten verändert hat. Fasst die Gründe dafür an der Tafel oder am Whiteboard zusammen.
2. **Projektvorschlag:** Findet heraus, wie lange Briefe von Rüsselsheim nach Neapel und von Erfurt nach Melbourne unterwegs sind.
3. Sucht weitere Beispiele für digitale und analoge Medien.

🦉 Notiert aus dem Text „Alte und neue Welt" in Stichworten alle Informationen über die digitale Welt. Fasst anschließend mündlich zusammen, wodurch sich die alte (analoge) von der neuen (digitalen) Welt unterscheidet. Bezieht dabei auch die Beispiele von Guiseppe und Jessica auf Seite 172 mit ein.

Werden Bücher bald überflüssig?

Ein Buch ist nicht interaktiv[1]

1: Wechselseitig aufeinander reagierend

2: Alain Finkielkraut (geb. 1949) ist ein französischer Philosoph, der als Kind polnischer Juden in Paris aufwuchs. Finkielkraut beschäftigt sich vor allem mit Menschenrechten, Kultur und Toleranz.

Ich kritisiere weder die neuen Medien, noch verherrliche ich die Schrift. Doch glaube ich, dass das Buch verteidigt werden muss. Man lobt die Interaktivität des Internets. Doch brauche ich sie nicht, um nachzudenken, wenn ich etwas lese. Man ist heutzutage dabei, Kommunikation und Interaktion gleichzusetzen.

5 Und genau das kann das Buch nicht: Es gibt keine Interaktivität. Man kommuniziert mit einem Autor, der gewissermaßen mit dem Leser nicht spricht, der aber etwas Tolles geschrieben hat und der in seinen Werken „überlebt". Außerdem hat der Text, den wir in einem Buch lesen, eine gewisse Ordnung, eine Autorität. Wir können die Seiten herausreißen, aber wir können das Buch

10 nicht „bearbeiten". Wir können uns nicht nur Themen heraussuchen, die uns interessieren, so wie wir es mit den neuen Medien machen. Das Buch hat eine gedankliche Tiefe, die nicht verändert werden kann. Das Buch ist nicht flexibel; es ist nicht interaktiv.

Nach **Alain Finkielkraut**[2]

Franz Eybl: Lesendes Mädchen, 1850

Bildschirmtexte sind interaktiv

In seinem Buch „Das elektronische Wort" schreibt der amerikanische Philosoph Richard Lanham[1], dass Bildschirmtexte die Bücher der Zukunft sind. Sie
geben den Leserinnen und Lesern die Möglichkeit, die Schriftart zu wechseln
sowie Ausschnitte zu vergrößern oder zu verkleinern. Durch sie könnten
5 Texte neu geordnet, ersetzt und weitergedacht werden. Als Ergebnis entstehen
Werke, die im Gegensatz zum traditionellen Buch nicht passiv sind. Im Gegenteil: Die Leserinnen und Leser arbeiten aktiv mit und beflügeln ihre Fantasie.
Dadurch wird eine Geschichte vollkommen, da sie durch die „Tätigkeit vieler
Köpfe" weitergedacht wird.
10 Da das Buch sowohl als Bildschirmtext im Original und in bearbeiteter Form
digital vorhanden ist, wird das herkömmliche Buch nach Ansicht von Richard
Lanham bald überflüssig sein.

1: Welche Position überzeugt euch mehr: die von Alain Finkielkraut oder von
Richard Lanham? Schreibt dazu eine Standpunktrede (siehe Seite 139).
2: Stellt euch vor, ihr würdet Finkielkraut oder Lanham treffen: Welche
Fragen würdet ihr beiden Philosophen stellen? Schreibt sie auf und versucht sie euch gegenseitig zu beantworten.
🦉 Arbeitet die Unterschiede zwischen Buch und Bildschirmtext anhand
der Bilder heraus.

1: Richard A. Lanham
(geb. 1936) hat sich als einer
der ersten Philosophen den
neuen Medien zugewandt.
Für ihn ist das Internet
ein Medium der Demokratie,
weil sich daran alle Men-
schen beteiligen können.

Der besondere Text:
Virtuelle Welten

Der Horrortrip

1: Stephen Law (geb. 1960) ist ein englischer Philosoph, der insbesondere Bücher für Jugendliche schreibt. Ein Buch, das euch interessieren könnte, heißt „Abenteuer Denken"

Eines Tages landen zwei Marsbewohner, Blib und Blob, auf dem Planeten Erde. Blib und Blob wollen die Menschen studieren und beschließen, Jim zu ihrem ersten Studienobjekt zu machen. Sie beginnen, ihn heimlich zu beobachten. Blib und Blob sind fasziniert, als sie sehen, wie verrückt Jim auf sein Computer-
5 spiel namens Dungeons und Monsters ist […].
Nachdem Blib und Blob Jim eine Zeit lang beobachtet haben, sind sie sich sicher, dass er sich gewiss nichts sehnlicher wünscht, als Tag und Nacht die realistischste Version von Dungeons und Monsters zu spielen, die man sich nur denken kann. Und sie beschließen Jim eine Freude zu machen.
10 Dann endlich ist Weihnachten gekommen. Jim wird langsam wach. Als Erstes fällt ihm sein Bett auf. Es ist hart und kalt wie aus Stein. Und es riecht auch etwas merkwürdig, feucht und modrig wie nach Pilzen. Und er hört ein Tröp-feln. Langsam öffnet Jim die Augen. Er wundert sich, dass er sich in einem langen Gang mit Steinwänden befindet. Fackeln stecken in rostigen Metall-
15 haltern, links und rechts gehen weitere Gänge ab. Jim dreht den Kopf. Auch hinter ihm erstreckt sich der Gang endlos weit und verliert sich im Dunkeln. Irgendwie kommt Jim dieser Gang bekannt vor. Dann fällt es ihm ein: Er sieht genauso aus wie der Gang in Dungeons und Monsters. Mit dem Unter-schied, dass dieser Gang hier sehr real zu sein scheint. Wenn er die Hand
20 ausstreckt, kann er die kalten, glitschigen Wände berühren […].
Zur gleichen Zeit wundern sich Jims Eltern sehr. Sie haben Jim einen neuen PC gekauft, der mit der neuesten Version von Dungeons und Monsters aus-gestattet ist. Warum ist ihr Sohn nicht längst heruntergekommen, um seine Weihnachtsgeschenke auszupacken? Verwundert gehen die Eltern nach
25 oben, öffnen leise Jims Zimmertür und werfen einen Blick auf sein Bett.
Stephen Law[1]

Bist du ein Computer oder ein Monster?

🦉 Spiele im Internet

Anfang der 1970er Jahre trat das Spiel „Dungeons and Dragons" (Kerker und Drachen), das auf einem realen Rollenspiel beruht, seinen Siegeszug an. Dabei erschafft der Dungeon Master, der Kerkermeister, eine Welt, in der die Mitspieler fiktive Rollen[1] übernehmen und vertrackte Abenteuer erleben.

5 Das Spiel umfasst eine Welt mit bestimmten Regeln, die von magischen Ebenen und Würfeln bestimmt wird. Viele Computernutzer waren fasziniert von dieser Dungeon- and-Dragon-Welt mit ihren Monstern und magischen Wesen. Die Welt erschien als ein Labyrinth, dessen Geheimnisse es zu lösen galt. Und so kam es, dass das Wort „Dungeon" Eingang in die Computer-Kultur

10 fand und dort einen virtuellen Ort bezeichnet, in dem sich viele Computernutzer tummeln und zusammenarbeiten. Dieser Ort wird als Multi User Dungeon oder MUD bezeichnet; er ist eine neue Form gemeinsamen Spielens in einer virtuellen Realität[2]. […]
In den MUDs verwenden alle Benutzer dieselbe Datenbank. Neben anderen

15 Spielern finden sie dort auch die Objekte, die für die virtuelle Welt geschaffen worden sind. Ferner können MUD-Spieler direkt in Echtzeit miteinander kommunizieren, indem sie Nachrichten tippen, die die anderen Spieler sehen können. Dabei werden einige dieser Nachrichten von allen Teilnehmern im gleichen „Raum" gesehen. Sie können aber auch so abgefasst sein, dass sie nur

20 auf dem Bildschirm eines bestimmten Mitspielers erscheinen. […] Dank einer speziellen Hardware wie Datenhelmen, Anzügen, Brillen und Handschuhen – kann der Anwender durch diese Räume navigieren[3]. Durch diese Hardware wird der Körper oder einer seiner Teile zum Steuergerät. Beispielsweise kann die Hand in einem Datenhandschuh auf die Stelle im virtuellen Raum deuten,

25 die man aufsuchen möchte. Ein Bild kann die Kopfbewegungen so registrieren, dass sich das Bild entsprechend der Kopfposition verändert.
Nach **Sherry Turkle**[4]

1: ausgedachte Rollen

2: Wirklichkeit

3: steuern

4: Sherry Turkle (geb. 1948) ist eine amerikanische Philosophin. Sie untersucht insbesondere, wie Computerspiele das Leben der Menschen beeinflussen.

1. Wie geht die Geschichte mit Tim weiter? Denkt euch einen Schluss aus.

2. Sucht nach einer Erklärung für Tims Verhalten. Argumentiert mit den Gedanken von Sherry Turkle.

🦉 In welchen Welten lebt Tim? Findet es heraus nach der Placemat-Methode*.

Fernsehen ohne Quote?

Mit abstimmen

Aylins Mutter bringt ihre Tochter mit dem Auto in die Schule und ihren kleinen Bruder Jonas in die Kita. „Könntest du heute Nachmittag Jonas aus der
Kita abholen?", fragt Mama, bevor Aylin aussteigt. „Leider nicht, Mama. Ich
habe mich mit Julie zum Fernsehen verabredet. Die „Simpsons" werden wie-
5 derholt, da muss ich unbedingt dabei sein."
Aylins Mutter zieht verwundert die Augenbrauen hoch. „Aber, wenn ich dich
darum bitte, ich habe auf der Arbeit noch eine wichtige Besprechung."
„Aber Mama, das verstehst du nicht! Ich muss die „Simpsons" unbedingt sehen,
sonst kann ich morgen in der Schule nicht mitreden. Alle gucken diese Serie."
10 „Na gut", antwortet Mama. Dann finden wir einen Kompromiss: Du holst Jonas
ab und wir schauen uns den Film später an, er ist doch sicher in der Mediathek.
Dann können wir alle gemeinsam fernsehen."
„Ich will aber mit Julie fernsehen. Da ruft dann immer jemand an und fragt
nach, ob wir die Serie anschauen und wie wir die finden. Da muss ich mit ab-
15 stimmen!"

Wissen und Merken: Einschaltquoten

Radio- und Fernsehsender ermitteln nach bestimmten Sendungen durch SMS
oder Telefonnachfragen, wie viele Zuschauer die Sendung gesehen haben.
Danach wird eine Quote der Beliebtheit ausgerechnet. Der ehemalige ZDF-
Intendant Dieter Stolte hat dazu Fragen zum Nachdenken formuliert:
5 „Wer hat die von ihm eingeschaltete Sendung wirklich gesehen? Wer hat sie
nur nebenbei gesehen? Wer ist zwischendurch rausgegangen? Wer ist dabei
eingeschlafen? Wer fand die Sendung gut? Und vor allem: Warum fand er
sie gut? [...] Und gesetzt den Fall, all dies wäre erfassbar, messbar, wer würde
dann garantieren, dass die ausgewählten Messkandidaten repräsentativ[1]
10 für eine bestimmte Zuschauergruppe oder gar für die ganze Gesellschaft sind?
[...] Trotzdem werden Sendungen mit niedriger Quote oft abgesetzt."

1: typisch, bedeutsam,
stellvertretend für eine
Gesamtheit

Projektvorschlag: Meine Lieblingsserie

Aylin und Julie schauen sich die „Simpsons" an. Welche Serien mögt ihr? Erstellt dazu eine kleine Skizze mit Stichworten in eurem Heft, und zwar nach folgendem Muster:

– Worum geht es in meiner Lieblingsserie? Schreibt kurz die Handlung auf.
– Welche Personen mit welchen Eigenschaften und Verhaltensweisen treten auf? Erstellt eine Tabelle.
– Gibt es Besonderheiten, die typisch für diese Serie sind?

Wir philosophieren: Die Kugellager-Methode

Ihr tauscht euch in der Klasse über eure Lieblingsserien nach der Kugellager-Methode aus. Zunächst bildet ihr einen Innen- und einen Außenkreis, sodass sich immer zwei Partner gegenüberstehen.

1. Schritt › Ihr erzählt eurem Partner in höchstens zwei Sätzen die Handlung eurer Serie und er oder sie muss raten. Anschließend wechselt ihr. Wenn euer Partner oder eure Partnerin nicht sofort die Serie errät, müsst ihr mehr Sätze sagen.

2. Schritt › Nun wechselt ihr im Uhrzeigersinn die Positionen – deshalb heißt die Methode auch Kugellager. Eurem neuen Partner oder eurer Partnerin nennt ihr eine Person aus der Serie und er oder sie muss die Serie erraten. Wenn euer Partner oder eure Partnerin nicht sofort die Serie errät, müsst ihr das Verhalten der Person beschreiben.

3. Schritt › Ihr wechselt wieder die Positionen. Nun berichtet ihr eine Besonderheit aus der Sendung. Auch sie muss wechselseitig erraten werden.

4. Schritt › Zum Abschluss besprecht ihr die Aufgabe zum Weiterdenken. Erst sagen diejenigen aus dem Innenkreis nacheinander ihre Meinung und dann die aus dem Außenkreis. Einer von euch fasst abschließend die Diskussion zusammen.

1. Wie können Aylin und ihre Mutter das Fernsehproblem lösen? Macht Vorschläge an der Tafel oder am Whiteboard.

2. Warum wollen Fernsehsender unbedingt wissen, wie viele Menschen bestimmte Sendungen gesehen haben?

🦉 Wie beurteilt ihr die Kritik von Dieter Stolte an der Einschaltquote? Begründet eure Meinung. Sollten im Fernsehen nur noch Sendungen gezeigt werden, die bei vielen Zuschauern beliebt sind? Gestaltet ein Kugellager dazu.

Wissen und Verstehen:
Wie Medien unser Leben verändern

Das weiß ich: Diese Namen und Begriffe kann ich ordnen

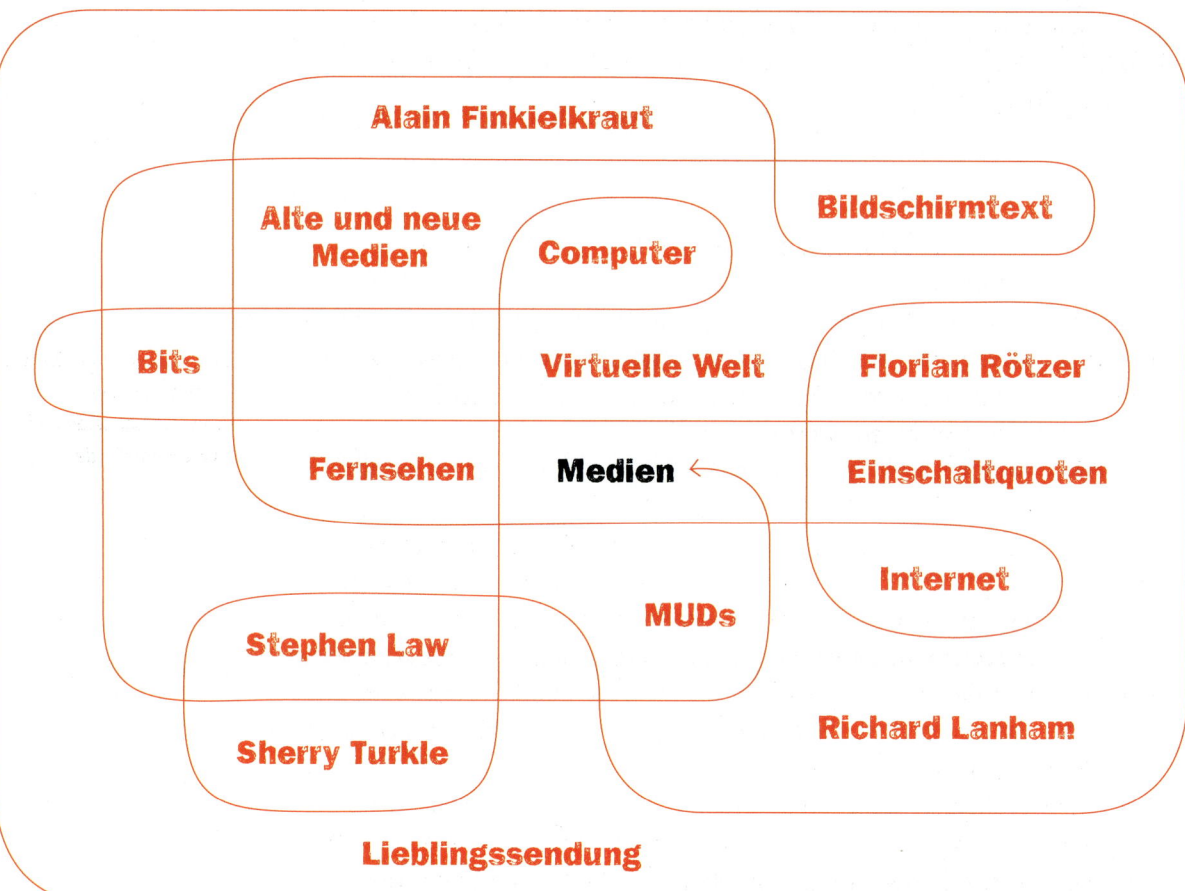

Alain Finkielkraut

Bildschirmtext

Alte und neue Medien

Computer

Bits

Virtuelle Welt

Florian Rötzer

Fernsehen

Medien

Einschaltquoten

Internet

MUDs

Stephen Law

Sherry Turkle

Richard Lanham

Lieblingssendung

1. Suche dir einen der Begriffe aus und schreibe ein Akrostichon* dazu. Vergleicht eure Akrostichons in Partnerarbeit.

Darauf kommt es an: Alte und neue Medien

Alte Medien sind zum Beispiel das Buch oder das Fernsehen, die **Informationen** analog, d. h. **als Ganzes**, vermitteln. **Digitale Medien** hingegen zerlegen die Informationen in kleine Teile (Bits). Sie arbeiten auf der Grundlage der **Computertechnik** und sind **interaktiv**. Mithilfe der digitalen Medien, insbesondere des **Internets**, können Informationsaustausch und Kommunikation **gleichzeitig und weltweit in virtuellen Räumen** stattfinden.
In der Ethik wird verstärkt die Frage diskutiert, ob die digitalen Medien herkömmliche Medien, insbesondere das Buch, überflüssig machen. Der französische Philosoph **Alain Finkielkraut** hebt die Einzigartigkeit und Tiefe des geschriebenen und nicht interaktiv veränderbaren **Buches** hervor. Der amerikanische Philosoph **Richard Lanham** sieht in der Veränderbarkeit von Bildschirmtexten eine große Chance, viele Menschen an Literatur und Kunst zu beteiligen.

Das kann ich: Mich in einen Avatar verwandeln

Stell dir vor, du könntest dich für kurze Zeit in einen Avatar verwandeln: Wie würdest du aussehen? Was würdest du fühlen und denken? Wie würde sich deine Welt verändern?

Kostenlose Avatare kannst du online erstellen: *www.avatomatic.de* und *www.avatars24.de*

1. Beginne zunächst damit, dein Porträt zu erstellen. Dafür gibt es einige Online-Tools [Werkzeuge]. Das Prinzip ist einfach: Du wählst aus vorgefertigten Teilen bestimmte Merkmale aus, zum Beispiel kurze blonde Haare, kariertes Hemd und stellst so dein Avatar-Bild zusammen. Überlege dir vorher, welche deiner Eigenschaften du in deinem Bild gestalten willst.
2. Unter deinem Bild beantwortest du dann die drei oben in der Sprechblase gestellten Fragen.
3. Anschließend legt ihr eure Avatare in einen Kreis. Erratet gegenseitig, wer sich hinter welchem Avatar verbirgt. Sprecht anschließend über den Unterschied zwischen Avataren und Menschen (nutzt dabei auch die Seiten 54/55 über digitale Freundschaften).

Anhang: Minilexikon

Wichtige Personen

Bacon, Francis (1561–1626)

war der Sohn eines Politikers und wurde nach dem Studium der Philosophie und Rechtswissenschaft selbst Politiker. Er brachte es bis zum Lordkanzler, der die Politik des englischen Königshauses vertreten musste. Die Gegner des Königs brachten ihn zu Fall und danach widmete sich Bacon nur noch der Philosophie. Er entwarf in seinem Buch „Nova-Atlantis" die Utopie einer Gesellschaft, die von Wissenschaftlerinnen und Wissenschaftlern geleitet wird. Ihr oberstes Ziel sind so viele Erfindungen wie möglich, um den Menschen das Leben zu erleichtern.

Bin Gorion, Josef Micha (1865–1921)

war ein hebräischer Schriftsteller, der in Russland geboren wurde. Er hat insbesondere jüdische Legenden, Märchen und Mythen gesammelt und literarisch bearbeitet.

Cavendish, Margaret (1623–1673)

wollte schon als kleines Mädchen berühmt werden. Da sie als Frau kein politisches Amt ausüben durfte, wählte sie die Philosophie, weil sie das Nachdenken über die Welt liebte. In ihrem utopischen Roman „Die gleißende Welt" beschreibt sie eine Gesellschaft, die von einer Frau geleitet wird. Darin gibt es verschiedene Formen von Tiermenschen. Cavendish wollte Mensch und Natur „versöhnen" und der Natur ein eigenes Lebensrecht unabhängig vom Menschen zugestehen.

Krüss, James (1926–1997)

war ein bekannter deutscher Kinder- und Jugendbuchautor, der über 700 Bücher geschrieben hat. Sein bekanntes Buch „Timm Thaler" wurde auch als Fernsehserie verfilmt. Darin geht es um einen Jungen, der sein Lachen gegen die Fähigkeit eintauscht, jede Wette zu gewinnen.

Luther, Martin (1483–1546)

ist die wichtigste Persönlichkeit der Reformation. Er lebte im Augustinerkloster in Erfurt, bevor er 1511 Professor für Bibelauslegung an der Universität Wittenberg wurde. Dort schlug er am 31. Oktober 1517 seine 95 Thesen an die Schlosskirche an, in denen er kirchliche Reformen forderte. Sie stellen den Beginn der Reformation dar und führten zur Gründung der Evangelischen Kirche. Nachdem Luther auf dem Reichstag zu Worms 1521 sich weigerte, seine Thesen zu widerrufen, musste er sich auf der Wartburg in Eisenach verstecken. Dort übersetzte er das Neue Testament ins Deutsche; 1534 folgte die Hebräische Bibel, das sogenannte Alte Testament. Beide Übersetzungen bilden die Grundlage für die noch heute verbreitete Lutherbibel. Luther hat mehr als 30 Lieder für christliche Feste verfasst, darunter auch das Weihnachtslied „Vom Himmel hoch", das er 1535 für die Bescherung seiner eigenen Kinder schrieb. Für die Ethik interessant sind auch Luthers Tischreden, die es auch als Buch gibt. Luther traf sich regelmäßig mit Freunden und Studenten zum Abendessen, um zum Beispiel über Kindererziehung, Gerechtigkeit oder Glaubensfragen zu diskutieren.

Russell, Bertrand (1872–1970)

war ein englischer Philosoph, Mathematiker und politischer Aktivist. Er wurde als Sohn einer britischen Adelsfamilie geboren. Russell schrieb zahlreiche Bücher zu politischen und philosophischen Themen, darunter ein wichtiges Buch zur Logik. 1950 erhielt er den Nobelpreis für Literatur. Russell kämpfte für die Rechte der Arbeiter und das Frauenwahlrecht. Wegen seiner Aktionen gegen den Ersten Weltkrieg wurde er zu einer Gefängnisstrafe verurteilt. Gegen Ende seines Lebens engagierte er sich gegen die Atomrüstung und den Vietnamkrieg.

Wittschier, Michael (geb. 1953)

unterrichtet Philosophie am Gymnasium und bildet Philosophielehrerinnen und -lehrer aus. Er schreibt auch Bücher; eines handelt vom „Abenteuer Philosophie".

Wichtige Begriffe

Ethik

(im Griechischen *ethos*) heißt auf Deutsch *Gewohnheit*, *Regel* oder *Sitte*. Sie ist ein Teilgebiet der Philosophie und beschäftigt sich mit der Frage, wie Menschen handeln sollten, um anderen keinen Schaden zuzufügen. Außerdem erarbeitet sie Maßstäbe (Kriterien) für ein gutes Leben. Dazu gehört zum Beispiel das von Aristoteles vor mehr als 2.000 Jahren aufgestellte Ziel, im Leben glücklich werden zu wollen.

Die Goldene Regel

ist eine Richtschnur für moralisch gutes Handeln, die in verschiedenen Religionen der Welt zu finden ist (siehe auch „Norm"). Sie lautet: Was du nicht willst, das man dir tut, das füge auch keinem andern zu.
Die Goldene Regel fordert die Handelnden auf, stets an die negativen Folgen ihres Handelns zu denken: etwas, das ich selbst für mich nicht möchte, darf ich auch für einen anderen nicht wollen. Wenn ich also nicht geschlagen werden möchte, dann darf ich auch andere Menschen nicht schlagen. Den Ausgangspunkt für moralisches Handeln bildet bei der Goldenen Regel immer die eigene Person: Ich schlage andere nicht, weil ich selbst nicht geschlagen werden will.

Kalif

ist der arabische Titel für einen religiösen und politischen Führer, der eine bestimmte islamische Gemeinschaft regiert.

Kippa

wird die Kopfbedeckung der Juden genannt. Sie wird aus Respekt gegenüber Gott vor allem in der Synagoge getragen.

Legende

ist eine literarische Erzählung über berühmte Persönlichkeiten, die in den Religionen eine große Rolle gespielt haben oder für ein Volk eine wichtige Bedeutung haben. In Legenden werden Fakten und Erfundenes vermischt. So gehören zum Beispiel die um Jesus Christus zu den bekanntesten religiösen Legenden.

Moral

In dem Begriff der Moral steckt das lateinische Wort mos. Es heißt auf Deutsch *Gewohnheit* oder *Sitte*. Damit ist gemeint, dass sich die Menschen in ihren Handlungen nach bestimmten Werten und Normen richten sollen. Diese werden oft von einer Generation an die andere weitergegeben. So ist es zum Beispiel moralisch gut, andere Menschen zu grüßen, kein Papier auf die Straße zu werfen oder Notleidenden zu helfen.
Die Philosophin Annemarie Pieper (geb. 1941) ist der Ansicht, dass verschiedene Gemeinschaften von Menschen für ihr Handeln unterschiedliche Werte und Normen festlegen. Insofern spricht sie in Bezug auf Gruppen von Moral und nicht von Ethik. So gibt es zum Beispiel eine (Gruppen)-Moral der Eskimos, eine Moral der Katholiken oder eine Moral der Schülerinnen und Schüler. Wenn die einen also meinen, man solle kein Papier auf den Boden werfen, so müssen die anderen das nicht unbedingt moralisch schlecht finden. Deshalb kann es auch passieren, dass die Moralauffassungen verschiedener Gruppen miteinander in Konflikt geraten.

Normen (Gebote)

Das Wort „Norm" basiert auf dem lateinischen Wort *norma*, was so viel wie Vorschrift heißt. Normen sind in der Ethik allgemeine Vorschriften für moralisch gutes Handeln. Sie sagen uns, ob eine bestimmte Handlung moralisch gut oder böse ist und ob wir sie ausführen sollten oder nicht. Der Begriff der Norm wird deshalb häufig auch durch den Begriff „Gebot" ersetzt, in der sprachlichen Form: „Du sollst ... immer die Wahrheit sagen." In negativer Bedeutung sind Normen Verbote, sprachlich gefasst mit: „Du sollst nicht ... stehlen."

Philosophie

Das Wort kommt aus dem Griechischen: *Philos* ist der Freund und *Sophia* ist die *Weisheit* – Philosophie heißt also übersetzt „Liebe zur Weisheit", wobei Weisheit eine Mischung aus Klugheit und Wissen ist. Philosophinnen und Philosophen durchdenken und hinterfragen

wichtige Probleme des menschlichen Lebens; dabei fassen sie diese Probleme in begründeten Annahmen (Theorien) zusammen, zum Beispiel die Frage nach Gut und Böse. Die Antworten auf diese grundlegenden Fragen sind vielfältig und bilden zusammen die fast 2.500 Jahre alte „Schatzkiste" der Philosophie. Der Philosoph Immanuel Kant (1724–1804) hat den Inhalt dieser philosophischen Schatzkiste in vier Grundfragen eingeteilt:
– Was kann ich wissen?
– Was soll ich tun?
– Was darf ich hoffen?
– Was ist der Mensch?

Philosophieren

bezeichnet die Tätigkeit des Nachdenkens über Sinnfragen, in denen Begriffe wie „Glück", „Gerechtigkeit" oder „Natur" eine wichtige Rolle spielen. Zu Beginn des Philosophierens stehen Fragen wie: „Warum streben alle Menschen nach Glück?" Zum Philosophieren gehören viele einzelne Tätigkeiten: zum Beispiel Staunen, Fragenstellen und Nachdenken im Sinne von Erklären, Begründen und eine eigene Meinung vertreten.

Rabbiner

ist ein Gelehrter, Lehrer und Seelsorger, der in der jüdischen Gemeinde die religiösen Überlieferungen vorlebt und vermittelt. Häufig leitet ein Rabbiner oder eine Rabbinerin Gottesdienste und andere Veranstaltungen in der Synagoge. Außerdem berät er oder sie die Gemeindeangehörigen in Lebensfragen, tröstet sie und schlichtet in Streitfällen.

Religion

wird vom lateinischen Verb *religare* abgeleitet, was auf Deutsch *binden* oder *verbinden* heißt. Die Religion „bindet" einen Menschen an ein übersinnliches Prinzip oder „Gegenüber": zum Beispiel an Gott oder an Allah. Das Gemeinsame aller Religionen besteht darin, dass Menschen an dieses übersinnliche Prinzip oder Gegenüber glauben und dieses durch bestimmte Praktiken (zum Beispiel in Dank- oder Bittgebeten) verehren. In vielen Religionen gibt es Gotteshäuser (zum Beispiel Kirchen, Moscheen, Synagogen), aber auch Flüsse oder Berge, wo diese Verehrung gemeinsam mit anderen Gläubigen vollzogen wird.

Tierethik

geht davon aus, dass Tiere empfindende und leidensfähige Lebewesen sind, die nicht gequält und grausam behandelt werden dürfen. Hierauf hatte bereits in Griechenland der Philosoph Alkmaion (ungefähr 6. Jahrhundert v. Chr.) hingewiesen. Für ihn besteht der einzige Unterschied zwischen Mensch und Tier darin, dass der Mensch denkt, das Tier aber nicht.

Toleranz

wird von dem lateinischen Verb *tolerare* abgeleitet, was auf Deutsch *erdulden* oder *ertragen* heißt. In der Ethik hat Toleranz die Bedeutung der Duldsamkeit bzw. der Akzeptanz verschiedener Meinungen, Werte, Normen und Glaubensüberzeugungen: „Ich bin bereit, andere Meinungen ‚zu erdulden', auch wenn ich sie

nicht gut finde. Dennoch bin ich bereit, mich mit ihnen friedlich auseinander zu setzen."

Tugend

Dieser Begriff wurde von dem griechischen Philosophen Platon (428–348 v. Chr.) in die Philosophie eingeführt und von seinem Schüler Aristoteles (384–322 v. Chr.) erweitert. „Tugend" bedeutet, dass sich Menschen durch fortwährende Übung eine bestimmte Lebenshaltung zu eigen machen, die sie befähigt, das Gute zu tun. Für dieses Ziel sollten alle Kräfte aufgebracht werden. Allerdings kann niemand durch andere dazu gezwungen werden; jeder muss sich aus eigenem Antrieb entschließen wollen, ein guter Mensch zu werden.
Tugend umfasst nach der griechischen Tradition drei Bestandteile: Wissen (jemand weiß, dass er Gutes tut); Können (jemand weiß, wie man Gutes tut) und Handeln (jemand tut das Gute in konkreten Lebenssituationen).

Wahrnehmen

bedeutet, mit den Sinnen die Welt zu erfassen: sehen, hören, riechen, schmecken und tasten. Die Sinne stehen in einem engen Zusammenhang mit dem Philosophieren: Wer über die Welt nachdenken will, muss sie erst einmal sehr genau beobachten und wahrnehmen.
Eine genaue Wahrnehmung der Welt ermöglicht eine Unterscheidung von kleinen und großen oder wesentlichen und unwesentlichen Dingen. Denn die kleinen Unterschiede sind

es, die dem Handeln eines Menschen eine Bedeutung verleihen können.

Weltbild

bringt zum Ausdruck, dass sich jemand ein Bild von der Wirklichkeit und der Welt macht, in der er lebt. Dabei kommt es auf eine umfassende Betrachtung an. Ein Weltbild darf beispielsweise nicht nur das Verhältnis der Menschen untereinander zum Thema machen („Wie lebe ich mit anderen Menschen in der Gesellschaft zusammen?"), sondern sollte mehrere Aspekte einschließen, zum Beispiel das Verhältnis des Menschen zu anderen Menschen, zur Natur und zum Universum: „Wie lebe ich mit anderen Menschen, anderen Lebewesen und der gesamten Erde zusammen?"

Werte

haben etwas mit dem Adjektiv „wertvoll" zu tun. Sie legen fest, was für einen Menschen oder eine Gruppe von Menschen wertvoll ist und deshalb im Leben als erstrebenswert gilt. So kann ein neues Fahrrad für jemanden wertvoll sein, für jemand anderen zum Beispiel eine gute Freundin. Die Ethik beschäftigt sich mit verschiedenen Gruppen von Werten. So gibt es beispielsweise die Gruppe der sozialen Werte wie „Freundschaft", die Gruppe der religiösen Werte wie „Glaube und Hoffnung" oder die Gruppe der materiellen Werte wie „Geld".

Methoden und Arbeitstechniken

Akrostichon

Ein Begriff wird untereinandergeschrieben und in seine einzelnen Buchstaben zerlegt. Zu den Anfangsbuchstaben werden anschließend Begriffe gesucht, die das Wort näher beschreiben. Die gesuchten Begriffe müssen entweder mit dem jeweiligen Buchstaben beginnen oder den Buchstaben in der Mitte haben:

B L A T T
A U T O R
C H
H

Ein Begriffsmolekül bauen

Ihr bildet kleine Gruppen und besorgt euch aus dem Bastelgeschäft Styroporkugeln. An eine zentrale große Styroporkugel wird der zu klärende Begriff mit einem selbstklebenden Zettel geheftet, zum Beispiel „Freundschaft".

Anschließend überlegt ihr, mit welchen Begriffen oder Symbolen ihr den zentralen Begriff klären wollt. Diese Begriffe schreibt ihr auf einen Zettel. Danach beratet ihr in der Gruppe, wie ihr diese Begriffe um die zentrale Kugel herum auf Kugeln mit selbstklebenden Zetteln postieren wollt. Die Verbindung zwischen den Kugeln verschiedener Größe erfolgt mit dünnen und spitzen Holzstäbchen (groß steht für wichtig und klein für nicht ganz so wichtig). Wenn alle Kugeln angebracht worden sind, entsteht ein Begriffsmolekül, das ihr dann den anderen Gruppen in der Klasse vorstellt.

Ihr braucht folgendes Material: Styroporkugeln in verschiedenen Größen; Holzstäbchen (Zahnstocher und Schaschlik-Stäbchen); selbstklebende Zettel (Notizblöcke) und dicke Filzstifte.

Ein Blitzlicht durchführen

heißt, dass ihr zu einer philosophischen Frage aufschreibt, was euch gerade durch den Kopf geht, wie zum Beispiel: „Alle Menschen brauchen Freunde." Was fällt euch dazu ein?

Ihr könnt ein Blitzlicht auch in der Gruppe durchführen. Jemand von euch sagt seinen Gedanken laut in einem Satz. Danach ist der oder die Nächste an der Reihe. Er oder sie sagt einen neuen Gedanken und darf nicht wiederholen, was schon genannt wurde. Das Blitzlicht bricht ab, wenn jemand etwas wiederholt oder nichts mehr weiß.

Ihr könnt ein Blitzlicht auch als Orchester veranstalten. Jemand sitzt auf einem Stuhl vor der Gruppe. Diejenigen, die ihren Gedanken äußern, stellen sich hinter den Stuhl. Nach sechs Blitzlichtern ist Schluss. Dann dirigiert euch der Schüler oder die Schülerin auf dem Stuhl: Er oder sie legt die Reihenfolge fest, in der ihr eure Gedanken wiederholt.

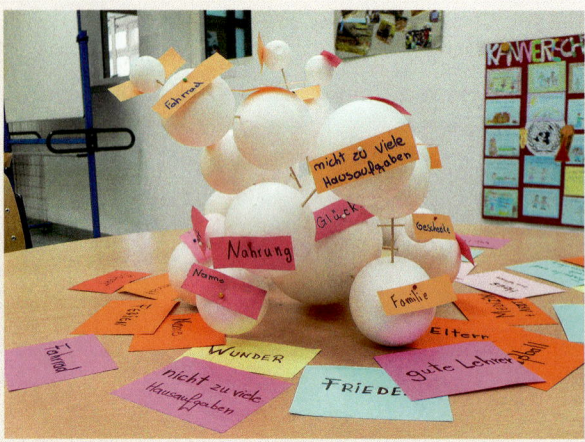

Dieses Begriffsmolekül zum Thema „Glück" wurde von einer 5. Klasse in Hamburg entworfen.

Eine Collage gestalten

Eine Collage ist ein Klebebild. Der Begriff kommt aus dem Französischen und bedeutet leimen oder zusammenkleben.

Wenn ihr eine Collage zusammenkleben wollt, braucht ihr Fotos aus Zeitungen oder Zeitschriften, bunte Papiersorten, Stoffreste, Schere, Klebestift, Buntstifte und vielleicht Pinsel und Wassermalfarben, ein DIN A3-Blatt. Und so wird es gemacht:

1. Ihr sucht zu einem Thema wie „Regeln in der Schule" einen Spruch oder einen Titel für eure Collage aus und schreibt ihn auf ein Blatt Papier, zum Beispiel: „Keiner kann machen, was er will."
2. Dann wählt ihr aus den Papier- und Stoffsorten etwas für den Hintergrund aus.
3. Anschließend schneidet ihr Figuren und Dinge aus den Zeitschriften aus, die ihr für euren Spruch oder Titel benötigt.
4. Nun beginnt ihr mit den Anordnungen: Zuerst legt ihr den Hintergrund. Danach probiert ihr mit euren Einzelteilen mehrere Anordnungen aus; ihr könnt die Teile hin- und herschieben; überlegt auch, an welche Stelle der Collage ihr den Titel anbringen wollt.
5. Ihr entscheidet euch für eine Anordnung und klebt sie auf.
6. Denkt daran, dass ihr auch mal Flächen auf der Collage freilassen könnt.
7. Wenn ihr alle Teile aufgeklebt habt, schreibt ihr den Titel auf. Ihr könnt eure Collage auch noch mit Buntstiften oder Pinsel und Farbe weiterzeichnen.

Ein Elfchen schreiben

Das Elfchen ist eine poetische Form. Sie besteht aus 11 Wörtern, die auf fünf Zeilen verteilt werden. Beim Philosophieren wird das Elfchen meistens zur Begriffsklärung verwendet.

1. Zeile = 1 Wort	*Freunde,*
2. Zeile = 2 Wörter	*stets unzertrennlich.*
3. Zeile = 3 Wörter	*Sie helfen einander,*
4. Zeile = 4 Wörter	*können sich aufeinander verlassen,*
5. Zeile = 1 Wort	*immer.*

Fiktiver Brief

Er ermöglicht euch, einen Gedankenaustausch mit einer Person zu führen, die selbst nicht antwortet. Ihr schreibt zum Beispiel einen Brief oder eine E-Mail an einen Philosophen oder eine Philosophin, um Fragen zu stellen oder bestimmte Gedanken zu einem philosophischen oder ethischen Problem zu äußern. Wenn ihr wissen wollt, wie das geht, dann lest nach: *Vittorio Hösle: Das Café der toten Philosophen – Ein philosophischer Briefwechsel für Kinder und Erwachsene. München: Hanser Verlag 1988.*

Grundmethoden des Philosophierens

Damit ihr Antworten auf philosophische Fragen findet, könnt ihr die folgenden fünf Grundmethoden des Philosophierens anwenden, die in verschiedenen Kapiteln dieses Schulbuches ausführlich erklärt werden:

Die Phänomenologische Methode: Ihr nehmt Menschen und Dinge, aber auch Haltungen wahr, beschreibt sie und unterscheidet sie voneinander (Seiten 84/85 und 101).

Die Hermeneutische Methode: Ihr erklärt Gedanken, insbesondere aus Texten (Seite 10) und deutet Symbole (Seite 124).

Die Analytische Methode: Ihr klärt Begriffe wie zum Beispiel „Glück" (Seite 51) und sucht nach Gründen für eure Meinungen (Seite 79).

Dialektische Methode: Ihr führt Gespräche und beschäftigt euch mit der Lösung von Konflikten: Interview (S. 161), Kugellager (Seite 179), Standpunktrede (Seite 139), Pro- und Kontra-Diskussion (Seite 91).

Die Spekulative Methode: Ihr spielt mit Gedanken (Seite 65) und wechselt die Perspektive (Seite 45) – ihr versucht, die Welt mit den Augen eines anderen Lebewesens zu sehen.

Phänomenologische Kompetenz: wahrnehmen, beschreiben

Hermeneutische Kompetenz: verstehen von Gedanken und Texten

Analytische Kompetenz: Begriffe verstehen, nachdenken, urteilen

Dialektische Kompetenz: Gesprächsführung, Konfliktlösung

Spekulative Kompetenz: fremder Blick, Empathie

Handlungsorientierung: eigene Lösungsvorschläge erproben

Gruppenarbeit

In einer Gruppenarbeit arbeitet ihr selbstständig an einer Aufgabe – zusammen mit einigen Mitschülerinnen und Mitschülern. Eine solche Kleingruppe besteht meistens aus vier bis sechs Schülerinnen und Schülern; dabei kommt es auf jeden und jede von euch an (Teamwork). In der Gruppenarbeit gibt es drei Schritte:

– Planen: Was sollen, was wollen wir tun? Achtet darauf, dass die Arbeiten innerhalb der Kleingruppe einigermaßen gerecht auf alle verteilt werden.
– Erarbeiten: Auf los geht's los!
– Präsentieren: Wir zeigen's den anderen! Ihr müsst vorher in der Gruppe festlegen, wer das Ergebnis eurer Arbeit den anderen Gruppen vorstellen soll. Ihr könnt die Ausführungen anschließend noch ergänzen.

Gruppenarbeit – so oder so:
– themengleich: Die Kleingruppen arbeiten zur gleichen Zeit an der gleichen Aufgabe und wetteifern miteinander.
– themenverschieden: Die Kleingruppen ergänzen sich, weil sie zur gleichen Zeit an verschiedenen Aufgaben arbeiten. Das Ergebnis jeder einzelnen Kleingruppe ist ein Teil des Ergebnisses der gesamten Klasse, so dass jede Kleingruppe mitverantwortlich für alle ist.

Vorteile der Gruppenarbeit:
– Ihr lernt euch besser kennen, helft euch gegenseitig und fühlt euch nicht vom Lehrer oder von der Lehrerin unter Druck gesetzt.
– Nach eigenen Plänen vorgehen: Ihr übernehmt innerhalb der Gruppe Aufgaben, die ihr besonders gut könnt.
– In der Gruppe besser lernen: Viele Schülerinnen und Schüler trauen sich mehr zu und haben weniger Angst vor Fehlern.

Fallstricke: Es kann passieren, dass einer von euch alles allein bestimmen will oder dass viele nicht mitmachen und sich mit anderen Dingen beschäftigen. So können zwischen euch Angst und Wut entstehen. Gruppenarbeit muss geübt werden, damit sie gut klappt!

Mindmapping

Ihr könnt Inhalte und Zusammenhänge in einer Mindmap darstellen. Mindmap kommt aus dem Englischen und heißt übersetzt „Gedankenlandkarte". Geht so vor:

1. Nehmt ein unliniertes Blatt und legt es quer vor euch.
2. In die Mitte schreibt ihr in einen Kreis oder Kasten das Hauptthema, zum Beispiel

MEIN STECKBRIEF

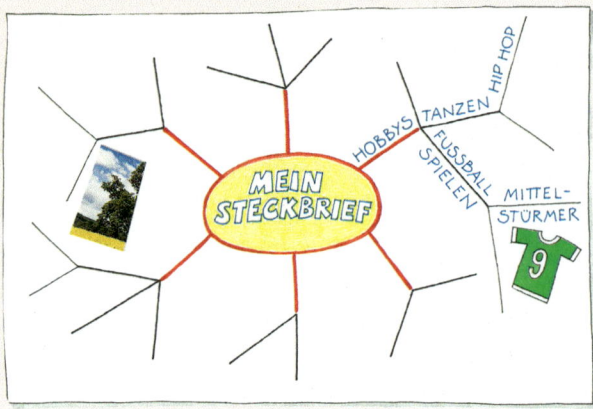

3. Jetzt überlegt ihr wichtige Beispiele, die man auch Unterthemen nennt, und schreibt sie mit Großbuchstaben auf Linien, die mit dem Hauptthema verbunden werden. Diese Linien nennt man Hauptäste und sie sollen auch dick gemalt werden. Auf einem solchen Hauptast könnte zum Beispiel stehen: HOBBYS.
4. An den Hauptästen „wachsen" Nebenäste, auf denen weitere Stichworte stehen, zum Beispiel „Fußball spielen" oder „Tanzen".
5. Auch die Nebenäste könnt ihr weiter verzweigen. Auf einem solchen Zweig könnte beispielsweise „Mittelstürmer" oder „Hip Hop" stehen.
6. Ihr könnt eure Mindmap auch farbig gestalten. Zum Beispiel könnt ihr alle Hauptäste rot zeichnen und die Nebenäste und Verzweigungen in anderen Farben.
7. Ihr könnt auch passende Bilder, Zeichnungen und Fotos in eure Mindmap einfügen.
8. Am Schluss solltet ihr noch einmal überprüfen, ob ihr alle wichtigen Begriffe und Bilder aufgenommen habt.

Einen Miniaturtext schreiben

Diese Textform besteht aus höchstens 10 Sätzen. In einem solchen Text könnt ihr zum Beispiel einen schwierigen Begriff wie Freundschaft klären, eine Meinung zu einem philosophischen Problem abgeben oder auch eine kurze Geschichte erzählen.

Pantomime

bedeutet wörtlich „alles nachahmend". Sie ist eine Ausdrucksformform, bei der ihr nicht sprecht, sondern euch durch Bewegungen des Körpers (Kopf, Hände usw.) verständlich macht.

Placemat-Methode

ist eine Form des kooperativen Lernens (Lernen in Vierergruppen). Ihr entwickelt zu einer ethischen Fragestellung wie „Muss ich immer die Wahrheit sagen?" zunächst eigene Gedanken. Anschließend diskutiert ihr eure Ideen mit den anderen Gruppenmitgliedern. Dazu wird ein Bogen Papier in vier gleich große Teile geteilt. Jeder von euch schreibt in seinen Teil des Bogens seine Idee. In der Mitte des Papiers wird Platz gelassen für die gemeinsame Antwort der gesamten Gruppe, die ihr aus eurer Diskussion ermittelt. Danach wird in der gesamten Ethikgruppe weiterdiskutiert.

Portfolio

Magdalena Kronefeld: Portfolio, 2015

… wird auch Philosophisches Tagebuch genannt. Es ist eine Sammlung von Gedanken, Fotos, Bildern, Zeichnungen oder Gedichten zu einem bestimmten ethischen Problem, die entweder von euch selbst erstellt oder von anderen übernommen werden. Ihr müsst das Thema zunächst in verschiedene Problembereiche untergliedern, zu denen ihr dann verschiedene Gedanken zusammenstellt.

Ein Standbild bauen

Ein Standbild ist eine Pantomime in der Gruppe. Ihr gestaltet mit eurem Körper einen Begriff, einen Gedanken oder ein Gefühl. Dabei dürft ihr die Hände und die Füße benutzen, aber nicht sprechen. Jeder von euch muss innerhalb der Gruppe eine spezielle Aufgabe übernehmen: Einer stellt zum Beispiel eine Pflanze dar und ein anderer ein Tier. Alle Darstellungen ergeben zusammen ein Bild. Einer von euch sollte dabei Regie führen und das Bild zusammenstellen.

Text- und Bildnachweis

Textnachweis

10 Michel de Montaigne: Essais, III, 2 (Über das Bereuen). Erste moderne Gesamtübersetzung v. Hans Stilett. München: Goldmann Verlag 1998, S. 33ff. (Auszug) **11** Nach Friedhelm Moser: Kleine Philosophie für Nichtphilosophen. München: C. H. Beck 2000, S. 12ff. (Auszug) **14** Anna Gavalda: 35 Kilo Hoffnung. Übersetzt v. Ursula Schregel. © für die deutsche Ausgabe: München: arsEdition GmbH, 2009 erschienen in der Bloomsbury Verlag GmbH, Berlin, S. 62ff. (Auszug) **16** Nach Richard David Precht: Wer bin ich und wenn ja, wie viele? München: Goldmann Verlag 2007, S. 74–79 (Auszug) **18** René Goscinny/Jean-Jacques Sempé: Neues vom kleinen Nick. Übersetzt v. Hans-Georg Lenzen. Zürich: © für die deutschsprachige Ausgabe: Diogenes Verlag 2005, S. 70–76 (Auszüge) **20** Nach Immanuel Kant: Metaphysik der Sitten. In: Werke, Bd. 6. Akademie-Ausgabe. Hrsg. v. der Preussischen Akademie der Wissenschaften. Berlin: Walter de Gruyter 1969, S. 400f. (Auszug) **21** Nach Friedrich Nietzsche: Zur Genealogie der Moral. Sämtliche Werke. Stuttgart: Kröner Verlag 1991 (11. Aufl.), S. 291ff. (Auszug) **25** Roger-Pol Droit: Fünf Minuten Ewigkeit –101 philosophische Alltagsexperimente. Übersetzt v. Hainer Kober. Hamburg: Hoffmann und Campe 2002, S. 22ff. u. S. 204f. (Auszüge) **22/23** Julia Robert: Dein früheres Ich/Eine Zeitreise durchführen. Originalbeiträge 2017 **28** Nach Amartya Sen: Die Identitätsfalle. Warum es keinen Krieg der Kulturen gibt. Übersetzt v. Friedrich Griese. München: C. H. Beck 2007, S. 33f. (Auszug) **29**, **39**, **53** Konstantin Kolenda: Ethik für die Jugend. Hrsg. und übersetzt v. Barbara Brüning. Hamburg: Verlag für Kinder und Eltern 1986, S. 32f. u. 46 (Auszüge) **30** Martina Denda: Ein ganz normaler Tag. Originalbeitrag 2017 **32/33** Nicola Lindner: Jura für Kids. München: C. H. Beck, S. 15f. (Auszüge) **34/35** Paul Maar: Neben mir ist noch Platz. München: dtv junior 1996, S. 18–24 (Auszüge) **36** Barbara Brüning: Das gefällt mir gar nicht. Originalbeitrag 2017 **38** Arthur Schopenhauer: Die Stachelschweine. In: Arthur Schopenhauer: Sämtliche Werke, Band VI. Hrsg. von Arthur Hübscher. Wiesbaden: Brockhaus Verlag 1947, S. 15 (Auszug) **40** Sharon M. Draper: Mit Worten kann ich fliegen. Übersetzt v. Silvia Schröer. Berlin: Überreuter 2014, S. 104 **42/43** Anna Schaffelhuber: „Ist es nicht egal, ob ich laufe oder rolle?" Exklusiv-Interview (mit freundlicher Genehmigung von Anna Schaffelhuber, c/o Y.E.S. Sportmarketing GmbH, Gräfelfing 2017) **44** Malala Yousafzai: Ich bin Malala: Das Mädchen, das die Taliban erschießen wollten, weil es für das Recht auf Bildung kämpft. Übersetzt v. Sabine Längsfeld, Margarete Längsfeld und Elisabeth Liebl. München: Knaur 2014, S. 21f. (Auszug) **48** Nach Michel de Montaigne: Von der Kunst, das Leben zu lieben. Hrsg. und übersetzt v. Hans Stilett. München: dtv 2007, S. 49

49 Max Frisch: Tagebuch 1966–1971. Frankfurt/Main: Suhrkamp 1972, S. 319 **50** o.: Antoine de Saint-Exupéry: Der kleine Prinz. Übersetzt v. Grete und Josef Leitgeb. Düsseldorf: Karl Rauch Verlag 1952 (51. Aufl. 1997), S. 65ff. **50** o., **55** Nach Ina Schmidt: Auf die Freundschaft. Eine philosophische Begegnung oder Was Menschen zu Freunden macht. München: Ludwig 2014, S. 27 und 117ff. (Auszüge) **51** Nach Immanuel Kant: Freundschaft als Maximum der Wechselliebe. In: Klaus-Dieter Eichler (Hrsg.): Philosophie der Freundschaft. Leipzig: Reclam 2000, S. 135 (Auszüge) **52** Nach Simone de Beauvoir: Das andere Geschlecht. Übersetzt v. Uli Aumüller und Grete Osterwald. Reinbek bei Hamburg: Rowohlt 1990, S. 267 (Auszüge) **57** o.: Nach Michael Wittschier: Erkenne dich selbst. Abenteuer Philosophie. Düsseldorf: Patmos 1994, S. 17 (Auszug); u.: Nach Ibn Hazm: Das Halsband der Taube. Über die Liebe und die Liebenden. Übersetzt v. Max Weisweiler. Frankfurt/Main: Insel Verlag 1961, S. 24 (Auszug) **55** u. Aristoteles: Die Nikomachische Ethik. Hrsg. v. Ernst Grumach und übersetzt v. Franz Dirlmeier, Berlin-Ost: Akademie Verlag 1983 (6. Aufl.), S. 174 (Auszüge) **62** o.: Orientalische Weisheit. In: Idries Shah: Die Karawane der Träume. Lehren und Legenden aus dem Orient. Übersetzt v. René und Clivia Taschner. München: Diederichs 2001, S. 254; u.: Annemarie Pieper: Einführung in die Ethik. Tübingen/Basel: UTB 2007 (6. Aufl.), S. 165f. (Auszüge) **63** Mascha Kaleko: Legende. In: Dieselbe. Heute ist morgen schon. München: dtv 1983, S. 28 **64** Gedanken von Maimonides. In: Ottfried Höffe (Hrsg.): Lesebuch zur Ethik. München: C. H. Beck 1999, S. 147 **66** Michael Sandel: Was man für Geld nicht kaufen kann. Übersetzt v. Helmut Reuter. Berlin: Ullstein 2012, S. 77f. u. 79 **68/69** „Rika" und „Maditha". In: Wenn Gedanken Flügel bekommen. Gedichte und Geschichten aus der Feder von Schülerinnen und Schülern des Lucas-Cranach-Gymnasiums Wittenberg. Anthologie. Hrsg. v. Förderverein LCG e. V. Lutherstadt Wittenberg. Dresden: Edition Freiberg 2012, S. 113 u. 115 **71** Nach Brüder Grimm: Der Goldene Schlüssel. In: Grimms Märchen. Alle Märchen der Brüder Grimm (bearbeitet). In: http://www.grimmstories.com/de/grimm_maerchen/der_goldene_schluessel (Aufruf: 1.2.2017) **72** Nach Judith Shklar: Über Ungerechtigkeit: Erkundungen zu einem moralischen Gefühl. Übersetzt v. Christiane Goldmann. Frankfurt/Main: Fischer 1997, S. 26 (Auszug) **77** Helmut Schmidt und Hans Küng: Was heißt Pflicht? In: Helmut Schmidt (Hrsg.): Allgemeine Erklärung der Menschenpflichten. Ein Vorschlag. München/Zürich: Piper Verlag 1997, S. 42f. (Auszug) **78/79** Parwatis Geschichte. In: Tanya Roberts-Davis (Hrsg.): Kinder Nepals: Die Stimmen der Rugmark Kinder. Übersetzt v. Barbara Armbruster. Freiburg: Blauburg Verlag 2002, S. 34ff. (Auszug) **81** Manfred Mai: Der Traum von einer besseren Welt: Die großen Menschheits-

utopien. München: Hanser Verlag 2010, S. 148ff. (paraphrasierende Bezüge zu Ernest Callenbach: Schulen in Ökotopia) **84** Heraklit. In: Wilhelm Capelle (Hrsg.): Die Vorsokratiker. Stuttgart: Kröner Verlag 1968, S. 135 **86**, **90** Brigitte Labbé/Michel Puech: Was verbindet die Welt? Ethik für Kinder. Übersetzt v. Anne Braun. Bindlach: Loewe 2005, S. 87 und 98f. (Auszüge) **89** Nach Max Frisch: Tagebuch 1946–49. Frankfurt/Main: Suhrkamp 1979, S. 59ff. (Auszüge) **92** Simon Kasprzak: Die Socken. Originalbeitrag 2016 **96** Aristoteles-Zitat. Aus: Metaphysik A, 980a21. Übersetzt v. Daniel Nachtsheim **99** Nach Immanuel Kant: Anthropologie (Werkausgabe. Hrsg. v. Wilhelm Weischedel, Bd. XII), Frankfurt/Main: Suhrkamp 1977, S. 447 (BA 48) **100** Daniel Nachtsheim: Ist ein Irrtum eine Lüge? Originalbeitrag 2017 **102** Jostein Gaarder: Das Kartengeheimnis. Übersetzt v. Gabriele Haefs. München: Carl Hanser 1992, S. 17 (Auszug) **105** Daniel Nachtsheim: Zwei unterschiedliche Arten, die Welt zu erklären. Originalbeitrag 2017 **106** Die Geschichte der Entstehung der Welt von P'an Ku. In: Dietrich Steinwede/Dietmar Först (Hrsg.): Die Schöpfungsmythen der Menschheit. Düsseldorf: Patmos 2004, S. 84f. **107** Rainer Oberthür: Neles Buch der großen Fragen. Eine Entdeckungsreise zu den Geheimnissen des Lebens. München: Kösel 2002, S. 23ff. **113** Baer-Krause, Jane/von Holleben, Jan: Wie heißt dein Gott eigentlich mit Nachnamen? Kinderfragen zu den Weltreligionen. Stuttgart: Gabriel Verlag 2015, S. 8 (Auszug) **118** Fragen an Margot Käßmann. Exklusiv-Interview (mit freundlicher Genehmigung von Margot Käßmann, c/o BirnsteinsBüro, Wittenberg 2017) **119** Margot Käßmann: Sehnsucht nach Leben. Asslar: Adeo Verlag 2011, S. 165 (Auszüge) **120/121** Jurek Becker: Jakob der Lügner. Frankfurt/Main: Suhrkamp 1987, S. 30ff. (Auszüge) **123** Sergey Lagodinsky: Was ist eine jüdische Gemeinde? Originalbeitrag (mit freundlicher Genehmigung von Sergey Lagodinsky, 2017) **126/127** Bergpredigt. Frei nach Schulbibel, hrsg. v. der Deutschen Bischofskonferenz. Düsseldorf: Patmos 1979, S. 200ff. (Auszüge) **127** u.: Karl Jaspers: Die großen Philosophen. München: Piper Verlag 1997 (6. Aufl.), S. 208 (Auszüge) **128** o.: Teresa von Ávila: Das Buch meines Lebens. Vollständige Neuübertragung. Hrsg. v. Ulrich Dobhan/Elisabeth Peeters. Freiburg: Herder 2009 (5. Aufl.), S. 331f. (Auszug); Mi.: Al Ghasali: Das Elixier der Glückseligkeit. Übersetzt v. Hellmut Ritter. München: Diederichs 2008, S. 147 u. 154 (Auszüge); u.: Dorothee Sölle/Luise Schottroff: Jesus von Nazaret. München: dtv 2000, S. 78f. (Auszug) **129** Bettina Wegner: Ich sage Nein. Wenn meine Lieder nicht mehr stimmen. Reinbek bei Hamburg: Rowohlt 1977, S. 119 (Auszüge) **130/131** Tahar Ben Jelloun: Papa, was ist der Islam? Übersetzt v. Christiane Kayser. Berlin: Berliner Taschenbuchverlag 2003, S. 21ff. (Auszüge) **133**, **135** Jane Baer-Krause/Jan von Holleben: Wie heißt dein Gott eigentlich mit Nachnamen? Kinderfragen zu den Weltreligionen. Stuttgart: Gabriel Verlag 2015, S. 26 u. 130 (Auszüge) **136** Zitat v. Barbara Brüning. Originalbeitrag 2017 **139** Barbara Brüning: Bastian, der Hund und das Leberwurstbrot. Originalbeitrag 2017 **140** Richard David Precht: Warum gibt es alles und nicht nichts? München: Goldmann 2011, S. 148f. (Auszug) **141** Albert Schweitzer: Ehrfurcht vor den Tieren. München: C. H. Beck 1996, S. 67 (Auszug) **142/143** Fragen an den WWF. Exklusiv-Interview (mit freundlicher Genehmigung des WWF, c/o Margret Mennenga, Referentin für Bildung/Stefan Ziegler, Naturschutzreferent Asien, 2017) **144** Nach Empedokles, in: Wilhelm Capelle (Hrsg.): Die Vorsokratiker. Stuttgart: Kröner Verlag 1968, S. 193f. u. 197 (Auszug) **145** Jostein Gaarder: Sofies Welt. Übersetzt v. Gabriele Haefs. München: Hanser Verlag 1993, S. 49 (Auszug) **146** James Krüss: James Tierleben: eine kleine Zoologie zur Unterhaltung und Belehrung und zum Lesen und Vorlesen für die ganze Familie, in 109 gereimten Lektionen. Hamburg: Carlsen 2009 **147** Jackie French: Das kleine Buch der großen Fragen. Übersetzt v. Sieglinde Thannheiser. Köln: Boje Verlag 2008, S. 36f. (Auszüge) **148/149** Josef Micha Bin Gorion: Golem-Geschichten um Rabbi Löw. In: Klaus Völker (Hrsg.): Künstliche Menschen. Dichtungen und Dokumente über Golems, Homunculi, Androiden und lebende Statuen. München: dtv 1976, S. 14f. u. 21 (Auszüge) **150/151** Manfred Geier: Was konnte Kant, was ich nicht kann? Reinbek bei Hamburg: Rowohlt 2006, S. 106ff. (Auszug) **152** Barbara Brüning: Natur und Naturethik. Originalbeitrag 2017 **153** Klaus M. Meyer-Abich: Kultur – der menschliche Beitrag zur Naturgeschichte. In: Information Philosophie, Heft 3. Lörrach: Claudia Moser Verlag 1996, S. 8 (Auszug) **156, 160** Hildegard von Bingen: Der Mensch in der Verantwortung. Übersetzt von Heinrich Schipperges. Otto Müller: Salzburg 1972 (3. Aufl.), S. 107 u. 88f. (Auszug) **159** Michel de Montaigne: Von der Kunst, das Leben zu lieben. Hrsg. und übersetzt v. Hans Stilett. München: dtv 2007, S. 107 u. 110 (Auszug) **161** Rezept von Hildegard von Bingen. Aus: Anett Röger: Hildegard von Bingen. Mit Hildegard von Bingen durchs Jahr. Köln: Naumann & Göbel Verlagsanstalt 2005, S. 25 (Auszug) **162/163** Fragen an Uschi Glas. Exklusiv-Interview (mit freundlicher Genehmigung von Uschi Glas-Hermann, c/o BrotZeit 2017) **163** u.: Hosna Sidiqi: Wünsche für eine gute Schulkantine. Originalbeitrag (mit freundlicher Genehmigung von Hosna Sidiqi, 2017) **164** Plutarch: Darf man Tiere essen? Gedanken aus der Antike. Hrsg. und übersetzt v. Marion Giebel. Stuttgart: Reclam 2015, S. 90f. (Auszüge) **165** Jackie French: Das kleine Buch der großen Fragen. Übersetzt v. Sieglind Thannheiser. Köln: Boje Verlag 2008, S. 55 (Auszug) **166** o.: Christine Schulz-Reiss: So lebt die Welt: Völkerverständnis für Kinder. Bindlach: Loewe Verlag 2006, S.75f. (Auszug) u.: Sprichwort aus Afrika. Aus: www.sprichworte-der-welt.de (Aufruf: 13. 12. 2016) **167** Nach Barbara Brüning: Ein Fladenbrot auf Arabisch backen. Originalbeitrag 2017 **169** Jean-Jacques Rousseau: Emile oder Über die Erziehung. Übersetzt v. Eleonore Sckommodau. Stuttgart: Reclam 1993, S. 155 (Auszüge) **170, 177** Nach Sherry Turkle: Leben

im Netz. Identität in Zeiten des Internet. Übersetzt v. Thorsten Schmidt. Reinbek bei Hamburg: Rowohlt TB 1999, S. 9 und 290f. (Auszüge) **173** Nach Florian Rötzer: Megamaschine Wissen. Frankfurt/Main: Campus Verlag 1999, S.7f. **174** Nach Alain Finkielkraut: Die Verteidigung des Buches. In: France Label Nr. 38, 2000, S. 3. Éditions Gallimard (frz.). Übersetzt von Barbara Brüning (Auszug) **176** Steven Law: Philosophie – Abenteuer Denken. Würzburg: Arena Verlag 2007, S. 45–49 (Auszug) **178** Dieter Stolte: Wie das Fernsehen das Menschenbild verändert. München: C. H. Beck 2004, S. 23f. (Auszüge).

Bildnachweis

Titelbild akg-images/euroluftbild.de/Hans Blossey **8/9** Eva Fabian, Hamburg **10** Fotolia/Georgios Kollidas **13** o.li.: akg-images/VG Bild-Kunst, Bonn 2017; Mi. re.: action press **14** o.li.: © für die deutsche Ausgabe: 2013 arsEdition GmbH, München, erschienen in der Bloomsbury Verlag GmbH, Berlin; u.li.: Fotolia/soupstock **17** o.: Stefan Finger/laif; u.li.: Action press film/EVERETT COLLECTION **18** Diogenes Verlag, Zürich **19** o.: action press; u.: picture-alliance/dieKLEINERT.de **20** o.: Fotolia/orion_eff; u.: ddp images/Picture Press **21** Fotolia/orion_eff **25** Shutterstock/Den2 **26** PantherMedia/Wavebreakmedia ltd **27** o.li.: Shutterstock/muzsy; o.re.: F1online; u.: Fotolia/Sergey Novikov (SerrNovik) ripicts.com **28** li.: interTOPICS **30** Shutterstock/Virinaflora **31** dieKLEINERT.de/Katrin Fiederling **33** © C. H. Beck Verlag, München **35** Glow Images/Jiri Hubatka **36** Fotolia/Daniel Mock **37** Georgios Kollidas/ddp images **38** o.: Fotolia/orion_eff **39** o.: Sven Simon/Süddeutsche Zeitung Photo; u.: Shutterstock/threerocksimages **40** u.: Fotolia/Dron; u.: ddp images **41** picture alliance/dpa **42** picture alliance/dpa **43** Shutterstock/ID1974 **44** Photoshot/© JTB/ Photoshot. All rights reserved **45** Reuters **47** u.: F1online **48** Zahnräder der Freundschaft. Beitrag der Jahrgangstufe 12/13 am Berufskolleg Bocholt-West zum Skulpturen-Wettbewerb „Freundschaft" der Bürgerstiftung Westmünsterland. Fotografin: Liza Ettwig **49** Cora Liley u. Lea Teders, Hamburg **50** adoc-photos **52** u.: action press **55** David Maupile/laif **56** li.: bpk/David Rubinger; re.: akg-images/VG Bild-Kunst, Bonn 2017 **57** u.: © Joeri DE ROCKER/Alamy Stock Photo **59** Fotolia/ricardoferrando **62** u.: picture-alliance/dpa **63** re.: picture-alliance/dpa **65** Dimitrios Pikros **68** Nazli Bayar, Hamburg **71** Fotolia/sorokpud.ru **74** o.li.: Shutterstock/sanneberg; o. re.: Shutterstock/Chris from Paris; Mi. li.: Shutterstock/Fresnel; Mi.re.: Shutterstock/Lipskiy **75** Fotolia/MidoSemsem **77** o.: imagebroker.com/© action press; Mi. li.: Freie Kunstakademie Farbenfroh, Mirjam Wilson; Mi. re.: imago/epd **79** mauritius images/robertharding/Tony Waltham **80** Mi. re.: imagebroker.com **81** The NewYorkTimes/Redux/laif **88** akg-images **89** imago stock&people **91** © Fotolia/Sergey Novikov (SerrNovik) ripicts.com **95** Fotolia/Jan H. Andersen **96** Shutterstock/peresanz **97** Fotolia/Vadimsadovski **98** akg-images **102** o.: Fotolia/Jürgen Fälchle; u.: imago stock&people **105** action press/ullstein – Archiv Gerstenberg

106 Shutterstock/Svitlana Amelina **107** o.: Shutterstock/CSKN; u.: ©Kösel Verlag, München **109** Fotolia/ciumac **110** Odilon Dimier/PhotoAlto/F1online **111** imago **112** von li. nach re.: Fotolia/© ilopfe; Fotolia/ © joserpizarro; J. D. Dallet/AGE/F1online **113** o.: Fotolia/© joserpizarro; u.: Fotolia/© joserpizarro **115** von li. nach re.: Fotolia/© silencefoto/Simone Voigt; Colourbox; Karl Holzhauser/MEV/F1online **118** action press/Müller-Stauffenberg, Hartmut-action press **119** Andreas Gkanatsios/Invision/laif **120** o.: action press/u.: akg-images **121** Martin Kloke, Berlin/VG Bild-Kunst, Bonn 2017 **122** Soeren Stache/picture alliance/dpa **123** Gordon Welters/laif **124** action press/Dunker, Andreasaction press **127** li.: akg-images/Bible Land Pictures/Jerusalem Photo by Zev Radovan; re.: ©epd-bild/akg-images **128** o. ©Art Directors & TRIP/Alamy Stock Photo; u.: Fotolia/contrastwerkstatt **129** o.: Ingo Barth/Süddeutsche Zeitung Photo; u.: Monet **131** u.: Shutterstock/Sufi **132** ddp images **135** Shutterstock/ChameleonsEye **136** Shutterstock/aaltair **137** FLPA/F1online **138** Bridgeman Art Library Ltd. Berlin/© Succession Picasso/VG Bild-Kunst, Bonn 2017/VG Bild-Kunst, Bonn 2017 **141** li.: Fotolia/ymeesin; re.: ©Eddy VAN DER VEEN/RAPHO/laif **142** Shutterstock/Grey82 **143** © Johannes Seebass **144** u.: CHT223929 Empedocles (c. 490–435 BC) (engraving) (b/w photo) by French School (16th century) engraving Bibliotheque Nationale, Paris, France Archives Charmet French, out of copyright **148** akg-images/Album **149** li. und re.: akg-images **150** u.: Shutterstock/Georgios Kollidas **151** akg-images/Anna Weise **152** o.: Imago/Hoch Zwei; Mi.: INTERFOTO/Granger, NYC; u.: SZ Photo/Foto Brigitte Friedrich **153** u.: Dirk Eisermann/laif **155** Shutterstock/sl_photo **156** picture alliance/dpa Themendie **157** Fotolia/© 2014 Julia Stankevych **158** u.: Shutterstock/Andi Berger; o.re.: Shutterstock/DoublePHOTO studio; Mi. li.: Fotolia/farbkombinat; Mi. re.: picture alliance/Kai-Uwe Wärne; u.: picture-alliance/dpa **159** INTERFOTO/Granger, NYC **160** u.: epd-bild/Sascha Müller **161** Fotolia/RRF **162** Brotzeit e.V./API © Michael Tinnefeld **164** u.: UIG/FOTOFINDER.COM **166** Paul Hahn/laif **167** Fotolia/Wolfgang Müller **169** Mi. li.: Fotolia/dream79; Mi. re: Fotolia/Georgios Kollidas; u.: Fotolia/eyetronic **170** INTERFOTO/Oliver J. Graf **171** Fotolia/Wavebreakmedia-Micro **173** o.: Franz Bischof/laif; u.: Fotolia/alphaspirit **174** u.: Robert Kluba/VISUM; u.: akg-images **175** Belinda Pretorius **176** u.: interTOPICS/© Graeme Robertson **177** o.: Fotolia/golubovy; u.: picture-alliance/ZUMAPRESS **181** Fotolia/Vidoslava **186, 189** o.: Burkhart Brüning, Hamburg

Comics, Grafiken und Illustrationen
Cornelsen/Bernd Kissel, Überherrn-Berus (**3–7, 11, 12, 16, 22, 28, 29, 32, 34, 38, 47, 52/53, 54, 57, 60/61, 62, 66/67, 69, 72/73, 74, 83–87, 90, 93, 104, 116, 146** u., **150, 160, 164, 165, 172, 176, 178, 189, 192/U3**); Cornelsen/Hans Wunderlich, Berlin (**15, 63, 64, 75, 80, 103, 114, 117, 126, 131, 133, 140, 144, 145, 146** o.li., **147, 153, 187, 188**)

Philosophieren lernen – Kompass durch das Labyrinth der Welt